Mein Reittagebuch

Mit meinem Pferd durchs ganze Jahr!

Bilder:
Umschlag: fotolia.de
Inhalt: pixabay.de
Gestaltung: Noëmi Caruso, www.jolie-photography.ch
Herstellung und Verlag: BoD – Books on Demand, Norderstedt

ISBN: 9783839185612

Wer einen Tag lang glücklich sein will,
der betrinke sich.
Wer eine Woche lang glücklich sein will,
der schlachte ein Schwein und esse es auf.
Wer einen Monat lang glücklich sein will,
der heirate.
Wer sein Leben lang glücklich sein will,
der werde Reiter !!!

Das bin ich ♡

Mein Name ist _____

Das ist meine Adresse

_____

_____

Geburtsdatum _____

Ich reite seit _____

Ich reite weil _____

_____

_____

Mit meinem Pferd mache ich am liebsten

_____

_____

Das ist mein Pferd ♡

Name oder Sptziname

‾‾

Mein Pferd hat Geburtstag am

Diese Rasse hat mein Pferd

Lieblingsbeschäftigung

‾‾

Das ist so besonders an
meinem Pferd

Datum _____ Dauer der Einheit _____

☐ Bodenarbeit   ☐ Turnier   _____
☐ Gymnastik   ☐ Reitstunde mit   _____
☐ Ausritt   ☐   _____

Diese Übung ist uns heute besonders gut gelungen

~~~~~~

~~~~~~

Damit haben wir heute gekämpft

~~~~~~

Das ging völlig in die Hose

~~~~~~

Das habe ich heute gelernt

~~~~~~

Das hat mein Pferd heute gelernt

~~~~~~

So sehr harmoniert haben wir heute   _____ %

So zufrieden war ich heute mit mir   ☺ 😐 🙁 ☹ 😫

So zufrieden war ich mit meinem Pferd   ☺ 😐 🙁 ☹ 😫

So zufrieden war mein Pferd

So habe ich mein Pferd heute belohnt

~~~~~~

So weit sind wir heute geritten ~~~~~~~~~~~~~~~~~~~~~~~ km

So war das Wetter heute

So motiviert war ich / mein Pferd heute ~~~~~~ % / ~~~~~~ %

Das ist unsere Backup-Übung um mit einem Erfclg aufzuhören

~~~~~~

~~~~~~

Hier ist Platz für Notizen

~~~~~~

~~~~~~

Hier ist Platz für Zeichnungen

Datum ~~~~~~~~~~~~~~~~~~~~~~ Dauer der Einheit ~~~~~~~~~~~~~~

☐ Bodenarbeit   ☐ Turnier   ~~~~~~~~~~~~~~~~~~~~
☐ Gymnastik   ☐ Reitstunde mit   ~~~~~~~~~~~~~~~~~~~~
☐ Ausritt   ☐   ~~~~~~~~~~~~~~~~~~~~

Diese Übung ist uns heute besonders gut gelungen

~~~~~~

~~~~~~

Damit haben wir heute gekämpft

~~~~~~

Das ging völlig in die Hose

~~~~~~

Das habe ich heute gelernt

~~~~~~

Das hat mein Pferd heute gelernt

~~~~~~

So sehr harmoniert haben wir heute   ~~~~~~~~~~~~~~~~~~ %

So zufrieden war ich heute mit mir   ☺ 😐 😶 ☹ 😣

So zufrieden war ich mit meinem Pferd   ☺ 😐 😶 ☹ 😣

8

So zufrieden war mein Pferd

So habe ich mein Pferd heute belohnt

~~~~~~

So weit sind wir heute geritten _____ km

So war das Wetter heute

So motiviert war ich / mein Pferd heute _____ % / _____ %

Das ist unsere Backup-Übung um mit einem Erfolg aufzuhören

~~~~~~

~~~~~~

Hier ist Platz für Notizen

~~~~~~

~~~~~~

Hier ist Platz für Zeichnungen

Datum _____ Dauer der Einheit _____

☐ Bodenarbeit ☐ Turnier _____

☐ Gymnastik ☐ Reitstunde mit _____

☐ Ausritt ☐ _____

Diese Übung ist uns heute besonders gut gelungen

_____

_____

Damit haben wir heute gekämpft

_____

Das ging völlig in die Hose

_____

Das habe ich heute gelernt

_____

Das hat mein Pferd heute gelernt

_____

So sehr harmoniert haben wir heute _____ %

So zufrieden war ich heute mit mir ☺ 😐 😕 ☹ 😣

So zufrieden war ich mit meinem Pferd ☺ 😐 😕 ☹ 😣

So zufrieden war mein Pferd

So habe ich mein Pferd heute belohnt

~~~~~~

So weit sind wir heute geritten ~~~~~~~~~~~~~~~~~~~~~~~~ km

So war das Wetter heute

So motiviert war ich / mein Pferd heute ~~~~~~ % / ~~~~~~ %

Das ist unsere Backup-Übung um mit einem Erfolg aufzuhören

~~~~~~

~~~~~~

Hier ist Platz für Notizen

~~~~~~

~~~~~~

Hier ist Platz für Zeichnungen

Datum ~~~~~~~~~~~~~~~~~~ Dauer der Einheit ~~~~~~~~~~~~~~~~~~

☐ Bodenarbeit   ☐ Turnier ~~~~~~~~~~~~~~~~~~

☐ Gymnastik   ☐ Reitstunde mit ~~~~~~~~~~~~~~~~~~

☐ Ausritt   ☐ ~~~~~~~~~~~~~~~~~~

Diese Übung ist uns heute besonders gut gelungen

~~~~~~

~~~~~~

Damit haben wir heute gekämpft

~~~~~~

Das ging völlig in die Hose

~~~~~~

Das habe ich heute gelernt

~~~~~~

Das hat mein Pferd heute gelernt

~~~~~~

So sehr harmoniert haben wir heute ~~~~~~~~~~~~~~~~~~~~~~~ %

So zufrieden war ich heute mit mir   ☺ 😐 😕 🙁 😣

So zufrieden war ich mit meinem Pferd   ☺ 😐 😕 🙁 😣

12

So zufrieden war mein Pferd

So habe ich mein Pferd heute belohnt

_____

So weit sind wir heute geritten _____ km

So war das Wetter heute

So motiviert war ich / mein Pferd heute _____ % / _____ %

Das ist unsere Backup-Übung um mit einem Erfolg aufzuhören

_____

_____

Hier ist Platz für Notizen

_____

_____

Hier ist Platz für Zeichnungen

Datum _____   Dauer der Einheit _____

☐ Bodenarbeit   ☐ Turnier   _____
☐ Gymnastik   ☐ Reitstunde mit   _____
☐ Ausritt   ☐   _____

Diese Übung ist uns heute besonders gut gelungen

_____

_____

Damit haben wir heute gekämpft

_____

Das ging völlig in die Hose

_____

Das habe ich heute gelernt

_____

Das hat mein Pferd heute gelernt

_____

So sehr harmoniert haben wir heute   _____ %

So zufrieden war ich heute mit mir   ☺ 😐 😕 ☹ 😖

So zufrieden war ich mit meinem Pferd ☺ 😐 😕 ☹ 😖

So zufrieden war mein Pferd

So habe ich mein Pferd heute belohnt

~~~~~~

So weit sind wir heute geritten _____ km

So war das Wetter heute

So motiviert war ich / mein Pferd heute _____ % / _____ %

Das ist unsere Backup-Übung um mit einem Erfolg aufzuhören

~~~~~~

~~~~~~

Hier ist Platz für Notizen

~~~~~~

~~~~~~

Hier ist Platz für Zeichnungen

Datum _____   Dauer der Einheit _____

☐ Bodenarbeit   ☐ Turnier _____

☐ Gymnastik   ☐ Reitstunde mit _____

☐ Ausritt   ☐ _____

Diese Übung ist uns heute besonders gut gelungen

_____

_____

Damit haben wir heute gekämpft

_____

Das ging völlig in die Hose

_____

Das habe ich heute gelernt

_____

Das hat mein Pferd heute gelernt

_____

So sehr harmoniert haben wir heute _____ %

So zufrieden war ich heute mit mir   ☺ 😐 😕 ☹ 😣

So zufrieden war ich mit meinem Pferd   ☺ 😐 😕 ☹ 😣

So zufrieden war mein Pferd

So habe ich mein Pferd heute belohnt

~~~~~~

So weit sind wir heute geritten _____ km

So war das Wetter heute

So motiviert war ich / mein Pferd heute _____ % / _____ %

Das ist unsere Backup-Übung um mit einem Erfolg aufzuhören

~~~~~~

~~~~~~

Hier ist Platz für Notizen

~~~~~~

~~~~~~

Hier ist Platz für Zeichnungen

Datum ～～～～～～～　Dauer der Einheit ～～～～～～～

☐ Bodenarbeit　☐ Turnier ～～～～～～～

☐ Gymnastik　☐ Reitstunde mit ～～～～～～～

☐ Ausritt　☐ ～～～～～～～

Diese Übung ist uns heute besonders gut gelungen

～～～～～～～～～～～～～～～～～～～～～～～～～

～～～～～～～～～～～～～～～～～～～～～～～～～

Damit haben wir heute gekämpft

～～～～～～～～～～～～～～～～～～～～～～～～～

Das ging völlig in die Hose

～～～～～～～～～～～～～～～～～～～～～～～～～

Das habe ich heute gelernt

～～～～～～～～～～～～～～～～～～～～～～～～～

Das hat mein Pferd heute gelernt

～～～～～～～～～～～～～～～～～～～～～～～～～

So sehr harmoniert haben wir heute ～～～～～～～ %

So zufrieden war ich heute mit mir 😊 😐 🙁 ☹️ 😖

So zufrieden war ich mit meinem Pferd 😊 😐 🙁 ☹️ 😖

So zufrieden war mein Pferd

So habe ich mein Pferd heute belchnt

~~~~~~

So weit sind wir heute geritten ~~~~~~~~~~~~~~~~~~~~~ km

So war das Wetter heute

So motiviert war ich / mein Pferd heute ~~~~~ % / ~~~~~ %

Das ist unsere Backup-Übung um mit einem Erfclg aufzuhören

~~~~~~

~~~~~~

Hier ist Platz für Notizen

~~~~~~

~~~~~~

Hier ist Platz für Zeichnungen

Datum _____ Dauer der Einheit _____

☐ Bodenarbeit   ☐ Turnier   _____
☐ Gymnastik   ☐ Reitstunde mit _____
☐ Ausritt   ☐   _____

Diese Übung ist uns heute besonders gut gelungen

~~~~~~

~~~~~~

Damit haben wir heute gekämpft

~~~~~~

Das ging völlig in die Hose

~~~~~~

Das habe ich heute gelernt

~~~~~~

Das hat mein Pferd heute gelernt

~~~~~~

So sehr harmoniert haben wir heute ~~~~~~~~~~~~~~~~~~~~ %

So zufrieden war ich heute mit mir   ☺ 😐 😕 ☹ 😖

So zufrieden war ich mit meinem Pferd   ☺ 😐 😕 ☹ 😖

20

So zufrieden war mein Pferd

So habe ich mein Pferd heute belohnt

~~~~~~

So weit sind wir heute geritten ~~~~~~~~~~~~~~~~~~~~ km

So war das Wetter heute

So motiviert war ich / mein Pferd heute ~~~~~~ % / ~~~~~~ %

Das ist unsere Backup-Übung um mit einem Erfolg aufzuhören

~~~~~~

~~~~~~

Hier ist Platz für Notizen

~~~~~~

~~~~~~

Hier ist Platz für Zeichnungen

Datum _____ Dauer der Einheit _____

☐ Bodenarbeit ☐ Turnier _____

☐ Gymnastik ☐ Reitstunde mit _____

☐ Ausritt ☐ _____

Diese Übung ist uns heute besonders gut gelungen

_____

_____

Damit haben wir heute gekämpft

_____

Das ging völlig in die Hose

_____

Das habe ich heute gelernt

_____

Das hat mein Pferd heute gelernt

_____

So sehr harmoniert haben wir heute _____ %

So zufrieden war ich heute mit mir ☺ 😐 🙂 ☹ 😣

So zufrieden war ich mit meinem Pferd ☺ 😐 🙂 ☹ 😣

So zufrieden war mein Pferd

So habe ich mein Pferd heute belohnt

~~~~~~

So weit sind wir heute geritten ~~~~~~~~~~~~~~~~~~ km

So war das Wetter heute

So motiviert war ich / mein Pferd heute ~~~~~ % / ~~~~~ %

Das ist unsere Backup-Übung um mit einem Erfolg aufzuhören

~~~~~~

~~~~~~

Hier ist Platz für Notizen

~~~~~~

~~~~~~

Hier ist Platz für Zeichnungen

Gesundheitsrapport Datum: ♡

_____

_____

_____

_____

_____

Futterplan Datum: ♡

_____

_____

_____

_____

_____

Egal, ob wir über den Umgang mit Menschen oder mit Pferden sprechen: Behandle sie nicht, wie sie sind. Behandle sie so, wie Du Dir wünscht, dass sie wären.

Buck Brannaman

Datum _____ Dauer der Einheit _____

☐ Bodenarbeit   ☐ Turnier   _____
☐ Gymnastik   ☐ Reitstunde mit   _____
☐ Ausritt   ☐   _____

Diese Übung ist uns heute besonders gut gelungen

_____

_____

Damit haben wir heute gekämpft

_____

Das ging völlig in die Hose

_____

Das habe ich heute gelernt

_____

Das hat mein Pferd heute gelernt

_____

So sehr harmoniert haben wir heute _____ %

So zufrieden war ich heute mit mir   ☺ 😐 😕 ☹ 😬

So zufrieden war ich mit meinem Pferd   ☺ 😐 😕 ☹ 😬

So zufrieden war mein Pferd

So habe ich mein Pferd heute belohnt

~~~~~~

So weit sind wir heute geritten   ~~~~~~~~~~~~~~~~~~~~~~ km

So war das Wetter heute

So motiviert war ich / mein Pferd heute   ~~~~~~ % / ~~~~~~ %

Das ist unsere Backup-Übung um mit einem Erfolg aufzuhören

~~~~~~

~~~~~~

Hier ist Platz für Notizen

~~~~~~

~~~~~~

Hier ist Platz für Zeichnungen

Datum _____   Dauer der Einheit _____

☐ Bodenarbeit   ☐ Turnier   _____
☐ Gymnastik   ☐ Reitstunde mit   _____
☐ Ausritt   ☐   _____

Diese Übung ist uns heute besonders gut gelungen

_____

_____

Damit haben wir heute gekämpft

_____

Das ging völlig in die Hose

_____

Das habe ich heute gelernt

_____

Das hat mein Pferd heute gelernt

_____

So sehr harmoniert haben wir heute   _____ %

So zufrieden war ich heute mit mir   ☺ 😐 😟 ☹ 😣

So zufrieden war ich mit meinem Pferd ☺ 😐 😟 ☹ 😣

So zufrieden war mein Pferd

So habe ich mein Pferd heute belohnt

~~~~~~

So weit sind wir heute geritten ~~~~~~~~~~~~~~~~~~ km

So war das Wetter heute

So motiviert war ich / mein Pferd heute ~~~~~~ % / ~~~~~~ %

Das ist unsere Backup-Übung um mit einem Erfolg aufzuhören

~~~~~~

~~~~~~

Hier ist Platz für Notizen

~~~~~~

~~~~~~

Hier ist Platz für Zeichnungen

Datum _____ Dauer der Einheit _____

☐ Bodenarbeit ☐ Turnier _____

☐ Gymnastik ☐ Reitstunde mit _____

☐ Ausritt ☐ _____

Diese Übung ist uns heute besonders gut gelungen

_____

_____

Damit haben wir heute gekämpft

_____

Das ging völlig in die Hose

_____

Das habe ich heute gelernt

_____

Das hat mein Pferd heute gelernt

_____

So sehr harmoniert haben wir heute _____ %

So zufrieden war ich heute mit mir   😃 😐 🙂 ☹️ 😣

So zufrieden war ich mit meinem Pferd   😃 😐 🙂 ☹️ 😣

So zufrieden war mein Pferd

So habe ich mein Pferd heute belohnt

~~~~~~

So weit sind wir heute geritten ~~~~~~~~~~~~~~~~~~~~~~~~~~~~ km

So war das Wetter heute

So motiviert war ich / mein Pferd heute ~~~~~~~ % / ~~~~~~~ %

Das ist unsere Backup-Übung um mit einem Erfolg aufzuhören

~~~~~~

~~~~~~

Hier ist Platz für Notizen

~~~~~~

~~~~~~

Hier ist Platz für Zeichnungen

Datum _____ Dauer der Einheit _____

☐ Bodenarbeit   ☐ Turnier _____

☐ Gymnastik   ☐ Reitstunde mit _____

☐ Ausritt   ☐ _____

Diese Übung ist uns heute besonders gut gelungen

_____

_____

Damit haben wir heute gekämpft

_____

Das ging völlig in die Hose

_____

Das habe ich heute gelernt

_____

Das hat mein Pferd heute gelernt

_____

So sehr harmoniert haben wir heute _____ %

So zufrieden war ich heute mit mir

So zufrieden war ich mit meinem Pferd

So zufrieden war mein Pferd

So habe ich mein Pferd heute belohnt

~~~~~~

So weit sind wir heute geritten ~~~~~~~~~~~~~~~~~~~ km

So war das Wetter heute

So motiviert war ich / mein Pferd heute ~~~~~~~ % / ~~~~~~~ %

Das ist unsere Backup-Übung um mit einem Erfolg aufzuhören

~~~~~~

~~~~~~

Hier ist Platz für Notizen

~~~~~~

~~~~~~

Hier ist Platz für Zeichnungen

Datum ~~~~~~~~~~~~~~~~~~~~~ Dauer der Einheit ~~~~~~~~~~~~~~~~~~

☐ Bodenarbeit   ☐ Turnier   ~~~~~~~~~~~~~~~~~~~~~~~~

☐ Gymnastik   ☐ Reitstunde mit   ~~~~~~~~~~~~~~~~~~~~~

☐ Ausritt   ☐ ~~~~~~~~~~~~~~~~~~~~~~~~~~~~~~~~~~~

Diese Übung ist uns heute besonders gut gelungen

~~~~~~

~~~~~~

Damit haben wir heute gekämpft

~~~~~~

Das ging völlig in die Hose

~~~~~~

Das habe ich heute gelernt

~~~~~~

Das hat mein Pferd heute gelernt

~~~~~~

So sehr harmoniert haben wir heute   ~~~~~~~~~~~~~~~~~~~~~~~ %

So zufrieden war ich heute mit mir   ☺ 😐 🙂 ☹ 😖

So zufrieden war ich mit meinem Pferd   ☺ 😐 🙂 ☹ 😖

So zufrieden war mein Pferd

So habe ich mein Pferd heute belohnt

~~~~~~

So weit sind wir heute geritten ~~~~~~~~~~~~~~~~~~~~~~ km

So war das Wetter heute

So motiviert war ich / mein Pferd heute ~~~~~~ % / ~~~~~~ %

Das ist unsere Backup-Übung um mit einem Erfolg aufzuhören

~~~~~~

~~~~~~

Hier ist Platz für Notizen

~~~~~~

~~~~~~

Hier ist Platz für Zeichnungen

Datum _____ Dauer der Einheit _____

☐ Bodenarbeit   ☐ Turnier   _____
☐ Gymnastik   ☐ Reitstunde mit _____
☐ Ausritt   ☐   _____

Diese Übung ist uns heute besonders gut gelungen

_____

_____

Damit haben wir heute gekämpft

_____

Das ging völlig in die Hose

_____

Das habe ich heute gelernt

_____

Das hat mein Pferd heute gelernt

_____

So sehr harmoniert haben wir heute _____ %

So zufrieden war ich heute mit mir   😊 😐 🙂 🙁 😣

So zufrieden war ich mit meinem Pferd 😊 😐 🙂 🙁 😣

So zufrieden war mein Pferd

So habe ich mein Pferd heute belohnt

~~~~~~

So weit sind wir heute geritten ⎯⎯⎯⎯⎯⎯⎯⎯⎯ km

So war das Wetter heute

So motiviert war ich / mein Pferd heute ⎯⎯⎯ % / ⎯⎯⎯ %

Das ist unsere Backup-Übung um mit einem Erfo g aufzuhören

~~~~~~

~~~~~~

Hier ist Platz für Notizen

~~~~~~

~~~~~~

Hier ist Platz für Zeichnungen

Datum _____ Dauer der Einheit _____

☐ Bodenarbeit   ☐ Turnier _____

☐ Gymnastik   ☐ Reitstunde mit _____

☐ Ausritt   ☐ _____

Diese Übung ist uns heute besonders gut gelungen

_____

_____

Damit haben wir heute gekämpft

_____

Das ging völlig in die Hose

_____

Das habe ich heute gelernt

_____

Das hat mein Pferd heute gelernt

_____

So sehr harmoniert haben wir heute _____ %

So zufrieden war ich heute mit mir   ☺ ☺ ☺ ☹ ☹

So zufrieden war ich mit meinem Pferd ☺ ☺ ☺ ☹ ☹

So zufrieden war mein Pferd

So habe ich mein Pferd heute belohnt

~~~~~~

So weit sind wir heute geritten ~~~~~~~~~~~~~~~~~ km

So war das Wetter heute

So motiviert war ich / mein Pferd heute ~~~~~ % / ~~~~~ %

Das ist unsere Backup-Übung um mit einem Erfolg aufzuhören

~~~~~~

~~~~~~

Hier ist Platz für Notizen

~~~~~~

~~~~~~

Hier ist Platz für Zeichnungen

Datum ~~~~~~~~~~~~~~~~~~~~~~~ Dauer der Einheit ~~~~~~~~~~~~~~~~~~~~

☐ Bodenarbeit ☐ Turnier ~~~~~~~~~~~~~~~~~~~~~~~

☐ Gymnastik ☐ Reitstunde mit ~~~~~~~~~~~~~~~~~~~~~~~

☐ Ausritt ☐ ~~~~~~~~~~~~~~~~~~~~~~~

Diese Übung ist uns heute besonders gut gelungen

~~~~~~

~~~~~~

Damit haben wir heute gekämpft

~~~~~~

Das ging völlig in die Hose

~~~~~~

Das habe ich heute gelernt

~~~~~~

Das hat mein Pferd heute gelernt

~~~~~~

So sehr harmoniert haben wir heute ~~~~~~~~~~~~~~~~~~~~~~~~~ %

So zufrieden war ich heute mit mir   😊 😐 🙁 ☹ 😣

So zufrieden war ich mit meinem Pferd   😊 😐 🙁 ☹ 😣

So zufrieden war mein Pferd

So habe ich mein Pferd heute belohnt

_____

So weit sind wir heute geritten _____ km

So war das Wetter heute

So motiviert war ich / mein Pferd heute _____ % / _____ %

Das ist unsere Backup-Übung um mit einem Erfolg aufzuhören

_____

_____

Hier ist Platz für Notizen

_____

_____

Hier ist Platz für Zeichnungen

Datum _____ Dauer der Einheit _____

☐ Bodenarbeit   ☐ Turnier   _____
☐ Gymnastik   ☐ Reitstunde mit   _____
☐ Ausritt   ☐   _____

Diese Übung ist uns heute besonders gut gelungen

_____

_____

Damit haben wir heute gekämpft

_____

Das ging völlig in die Hose

_____

Das habe ich heute gelernt

_____

Das hat mein Pferd heute gelernt

_____

So sehr harmoniert haben wir heute   _____ %

So zufrieden war ich heute mit mir   ☺ 😐 🙂 🙁 😣

So zufrieden war ich mit meinem Pferd   ☺ 😐 🙂 🙁 😣

So zufrieden war mein Pferd

So habe ich mein Pferd heute belohnt

~~~~~~

So weit sind wir heute geritten _____ km

So war das Wetter heute

So motiviert war ich / mein Pferd heute _____ % / _____ %

Das ist unsere Backup-Übung um mit einem Erfolg aufzuhören

~~~~~~

~~~~~~

Hier ist Platz für Notizen

~~~~~~

~~~~~~

Hier ist Platz für Zeichnungen

Gesundheitsrapport Datum:

♡

_____

_____

_____

_____

_____

Futterplan Datum:

♡

_____

_____

_____

_____

_____

Notizen ♡

Datum _____   Dauer der Einheit _____

☐ Bodenarbeit   ☐ Turnier   _____
☐ Gymnastik   ☐ Reitstunde mit   _____
☐ Ausritt   ☐   _____

Diese Übung ist uns heute besonders gut gelungen

_____

_____

Damit haben wir heute gekämpft

_____

Das ging völlig in die Hose

_____

Das habe ich heute gelernt

_____

Das hat mein Pferd heute gelernt

_____

So sehr harmoniert haben wir heute   _____ %

So zufrieden war ich heute mit mir   ☺ ☺ ☺ ☹ 😬

So zufrieden war ich mit meinem Pferd   ☺ ☺ ☺ ☹ 😬

46

So zufrieden war mein Pferd

So habe ich mein Pferd heute belohnt

~~~~~~

So weit sind wir heute geritten   ~~~~~~~~~~~~~~~~~~~~~~~ km

So war das Wetter heute

So motiviert war ich / mein Pferd heute   ~~~~~ % /   ~~~~~ %

Das ist unsere Backup-Übung um mit einem Erfolg aufzuhören

~~~~~~

~~~~~~

Hier ist Platz für Notizen

~~~~~~

~~~~~~

Hier ist Platz für Zeichnungen

Datum _____ Dauer der Einheit _____

☐ Bodenarbeit ☐ Turnier _____
☐ Gymnastik ☐ Reitstunde mit _____
☐ Ausritt ☐ _____

Diese Übung ist uns heute besonders gut gelungen

_____

_____

Damit haben wir heute gekämpft

_____

Das ging völlig in die Hose

_____

Das habe ich heute gelernt

_____

Das hat mein Pferd heute gelernt

_____

So sehr harmoniert haben wir heute _____ %

So zufrieden war ich heute mit mir ☺ 😐 🙁 ☹ 😣

So zufrieden war ich mit meinem Pferd ☺ 😐 🙁 ☹ 😣

So zufrieden war mein Pferd

So habe ich mein Pferd heute belohnt

~~~~~~

So weit sind wir heute geritten _____ km

So war das Wetter heute

So motiviert war ich / mein Pferd heute _____ % / _____ %

Das ist unsere Backup-Übung um mit einem Erfolg aufzuhören

~~~~~~

~~~~~~

Hier ist Platz für Notizen

~~~~~~

~~~~~~

Hier ist Platz für Zeichnungen

Datum _____ Dauer der Einheit _____

☐ Bodenarbeit   ☐ Turnier _____

☐ Gymnastik   ☐ Reitstunde mit _____

☐ Ausritt   ☐ _____

Diese Übung ist uns heute besonders gut gelungen

_____

_____

Damit haben wir heute gekämpft

_____

Das ging völlig in die Hose

_____

Das habe ich heute gelernt

_____

Das hat mein Pferd heute gelernt

_____

So sehr harmoniert haben wir heute _____ %

So zufrieden war ich heute mit mir

So zufrieden war ich mit meinem Pferd

50

So zufrieden war mein Pferd

So habe ich mein Pferd heute belohnt

~~~~~~

So weit sind wir heute geritten _____ km

So war das Wetter heute

So motiviert war ich / mein Pferd heute _____ % / _____ %

Das ist unsere Backup-Übung um mit einem Erfolg aufzuhören

~~~~~~

~~~~~~

Hier ist Platz für Notizen

~~~~~~

~~~~~~

Hier ist Platz für Zeichnungen

Datum ~~~~~~~~~~~~~~~~~~~~ Dauer der Einheit ~~~~~~~~~~~~~~~~~~~~

☐ Bodenarbeit   ☐ Turnier   ~~~~~~~~~~~~~~~~~~~~
☐ Gymnastik   ☐ Reitstunde mit   ~~~~~~~~~~~~~~~~~~~~
☐ Ausritt   ☐   ~~~~~~~~~~~~~~~~~~~~

Diese Übung ist uns heute besonders gut gelungen

~~~~~~

~~~~~~

Damit haben wir heute gekämpft

~~~~~~

Das ging völlig in die Hose

~~~~~~

Das habe ich heute gelernt

~~~~~~

Das hat mein Pferd heute gelernt

~~~~~~

So sehr harmoniert haben wir heute   ~~~~~~~~~~~~~~~~~~~~~ %

So zufrieden war ich heute mit mir   ☺ 😐 😕 ☹ 😖

So zufrieden war ich mit meinem Pferd   ☺ 😐 😕 ☹ 😖

52

So zufrieden war mein Pferd

So habe ich mein Pferd heute belohnt

_____

So weit sind wir heute geritten _____ km

So war das Wetter heute

So motiviert war ich / mein Pferd heute _____ % / _____ %

Das ist unsere Backup-Übung um mit einem Erfolg aufzuhören

_____

_____

Hier ist Platz für Notizen

_____

_____

Hier ist Platz für Zeichnungen

53

Datum ~~~~~~~~~~~~~~~~~~~~ Dauer der Einheit ~~~~~~~~~~~~~~~~~~~~

☐ Bodenarbeit ☐ Turnier ~~~~~~~~~~~~~~~~~~~~

☐ Gymnastik ☐ Reitstunde mit ~~~~~~~~~~~~~~~~~~~~

☐ Ausritt ☐ ~~~~~~~~~~~~~~~~~~~~

Diese Übung ist uns heute besonders gut gelungen

~~~~~~

~~~~~~

Damit haben wir heute gekämpft

~~~~~~

Das ging völlig in die Hose

~~~~~~

Das habe ich heute gelernt

~~~~~~

Das hat mein Pferd heute gelernt

~~~~~~

So sehr harmoniert haben wir heute ~~~~~~~~~~~~~~~~~~~~~~~~~~~ %

So zufrieden war ich heute mit mir ☺ 😐 😶 🙁 😣

So zufrieden war ich mit meinem Pferd ☺ 😐 😶 🙁 😣

So zufrieden war mein Pferd

So habe ich mein Pferd heute belohnt

~~~~~~

So weit sind wir heute geritten   ~~~~~~~~~~~~~~~~~~~~ km

So war das Wetter heute

So motiviert war ich / mein Pferd heute   ~~~~ % /   ~~~~ %

Das ist unsere Backup-Übung um mit einem Erfolg aufzuhören

~~~~~~

~~~~~~

Hier ist Platz für Notizen

~~~~~~

~~~~~~

Hier ist Platz für Zeichnungen

Datum _____   Dauer der Einheit _____

☐ Bodenarbeit   ☐ Turnier   _____
☐ Gymnastik   ☐ Reitstunde mit _____
☐ Ausritt   ☐   _____

Diese Übung ist uns heute besonders gut gelungen

~~~~~~

~~~~~~

Damit haben wir heute gekämpft

~~~~~~

Das ging völlig in die Hose

~~~~~~

Das habe ich heute gelernt

~~~~~~

Das hat mein Pferd heute gelernt

~~~~~~

So sehr harmoniert haben wir heute   ~~~~~~~~~~~~~~~~~~~~~~ %

So zufrieden war ich heute mit mir   😊 😐 🙂 🙁 😫

So zufrieden war ich mit meinem Pferd 😊 😐 🙂 🙁 😫

So zufrieden war mein Pferd   ☺ 😐 🙂 🙁 😣

So habe ich mein Pferd heute belohnt

~~~~~~

So weit sind wir heute geritten   ~~~~~~~~~~~~~~~~~~~~ km

So war das Wetter heute

So motiviert war ich / mein Pferd heute   ~~~~~~~ % / ~~~~~~~ %

Das ist unsere Backup-Übung um mit einem Erfolg aufzuhören

~~~~~~

~~~~~~

Hier ist Platz für Notizen

~~~~~~

~~~~~~

Hier ist Platz für Zeichnungen

Datum _____   Dauer der Einheit _____

☐ Bodenarbeit   ☐ Turnier   _____
☐ Gymnastik   ☐ Reitstunde mit _____
☐ Ausritt   ☐   _____

Diese Übung ist uns heute besonders gut gelungen

~~~~~~

~~~~~~

Damit haben wir heute gekämpft

~~~~~~

Das ging völlig in die Hose

~~~~~~

Das habe ich heute gelernt

~~~~~~

Das hat mein Pferd heute gelernt

~~~~~~

So sehr harmoniert haben wir heute   _____ %

So zufrieden war ich heute mit mir   ☺ 😐 😕 ☹ 😣

So zufrieden war ich mit meinem Pferd   ☺ 😐 😕 ☹ 😣

So zufrieden war mein Pferd

So habe ich mein Pferd heute belohnt

~~~~~~

So weit sind wir heute geritten ~~~~~~~~~~~~~~~~~~~ km

So war das Wetter heute

So motiviert war ich / mein Pferd heute ~~~~~ % / ~~~~~ %

Das ist unsere Backup-Übung um mit einem Erfolg aufzuhören

~~~~~~

~~~~~~

Hier ist Platz für Notizen

~~~~~~

~~~~~~

Hier ist Platz für Zeichnungen

Datum _____ Dauer der Einheit _____

☐ Bodenarbeit   ☐ Turnier _____

☐ Gymnastik   ☐ Reitstunde mit _____

☐ Ausritt   ☐ _____

Diese Übung ist uns heute besonders gut gelungen

_____

_____

Damit haben wir heute gekämpft

_____

Das ging völlig in die Hose

_____

Das habe ich heute gelernt

_____

Das hat mein Pferd heute gelernt

_____

So sehr harmoniert haben wir heute _____ %

So zufrieden war ich heute mit mir   😊 😕 😐 🙁 😣

So zufrieden war ich mit meinem Pferd   😊 😕 😐 🙁 😣

So zufrieden war mein Pferd

So habe ich mein Pferd heute belohnt

~~~~~~

So weit sind wir heute geritten   ~~~~~~~~~~~~~~~~~~~~~~~~~~~~~ km

So war das Wetter heute

So motiviert war ich / mein Pferd heute   ~~~~~ % / ~~~~~ %

Das ist unsere Backup-Übung um mit einem Erfolg aufzuhören

~~~~~~

~~~~~~

Hier ist Platz für Notizen

~~~~~~

~~~~~~

Hier ist Platz für Zeichnungen

Datum _____ Dauer der Einheit _____

☐ Bodenarbeit   ☐ Turnier   _____

☐ Gymnastik   ☐ Reitstunde mit   _____

☐ Ausritt   ☐   _____

Diese Übung ist uns heute besonders gut gelungen

_____

_____

Damit haben wir heute gekämpft

_____

Das ging völlig in die Hose

_____

Das habe ich heute gelernt

_____

Das hat mein Pferd heute gelernt

_____

So sehr harmoniert haben wir heute   _____ %

So zufrieden war ich heute mit mir   ☺ 😐 😕 ☹ 😖

So zufrieden war ich mit meinem Pferd   ☺ 😐 😕 ☹ 😖

So zufrieden war mein Pferd

So habe ich mein Pferd heute belohnt

~~~~~~

So weit sind wir heute geritten ~~~~~~~~~~~~~~~~~~~~~~~~~ km

So war das Wetter heute

So motiviert war ich / mein Pferd heute ~~~~~ % / ~~~~~ %

Das ist unsere Backup-Übung um mit einem Erfolg aufzuhören

~~~~~~

~~~~~~

Hier ist Platz für Notizen

~~~~~~

~~~~~~

Hier ist Platz für Zeichnungen

Gesundheitsrapport Datum: ♡

_____

_____

_____

_____

_____

Futterplan Datum: ♡

_____

_____

_____

_____

_____

Pferde lügen nie
und haben auch niemals ein materielles Denken.
Sie leben in der Gegenwart,
haben aus der Vergangenheit gelernt
und interessieren sich nie für die Zukunft.
Jean-Claude Dysil

Datum _____ Dauer der Einheit _____

☐ Bodenarbeit   ☐ Turnier   _____

☐ Gymnastik   ☐ Reitstunde mit   _____

☐ Ausritt   ☐   _____

Diese Übung ist uns heute besonders gut gelungen

_____

_____

Damit haben wir heute gekämpft

_____

Das ging völlig in die Hose

_____

Das habe ich heute gelernt

_____

Das hat mein Pferd heute gelernt

_____

So sehr harmoniert haben wir heute   _____ %

So zufrieden war ich heute mit mir   😊 😉 😐 🙁 😣

So zufrieden war ich mit meinem Pferd   😊 😉 😐 🙁 😣

So zufrieden war mein Pferd

So habe ich mein Pferd heute belohnt

~~~~~~

So weit sind wir heute geritten _____ km

So war das Wetter heute

So motiviert war ich / mein Pferd heute _____ % / _____ %

Das ist unsere Backup-Übung um mit einem Erfolg aufzuhören

~~~~~~

~~~~~~

Hier ist Platz für Notizen

~~~~~~

~~~~~~

Hier ist Platz für Zeichnungen

Datum ~~~~~~~~~~~~~~~~~~~~~ Dauer der Einheit ~~~~~~~~~~~~~~~~~~~

☐ Bodenarbeit   ☐ Turnier   ~~~~~~~~~~~~~~~~~~~~~~~~~~~~~~

☐ Gymnastik   ☐ Reitstunde mit   ~~~~~~~~~~~~~~~~~~~~~~~~~~~~~~

☐ Ausritt   ☐   ~~~~~~~~~~~~~~~~~~~~~~~~~~~~~~

Diese Übung ist uns heute besonders gut gelungen

~~~~~~

~~~~~~

Damit haben wir heute gekämpft

~~~~~~

Das ging völlig in die Hose

~~~~~~

Das habe ich heute gelernt

~~~~~~

Das hat mein Pferd heute gelernt

~~~~~~

So sehr harmoniert haben wir heute   ~~~~~~~~~~~~~~~~~~~~~~~~~~~~ %

So zufrieden war ich heute mit mir   ☺ 😐 🙂 🙁 😖

So zufrieden war ich mit meinem Pferd ☺ 😐 🙂 🙁 😖

So zufrieden war mein Pferd

So habe ich mein Pferd heute belohnt

~~~~~~

So weit sind wir heute geritten _____ km

So war das Wetter heute

So motiviert war ich / mein Pferd heute _____ % / _____ %

Das ist unsere Backup-Übung um mit einem Erfolg aufzuhören

~~~~~~

~~~~~~

Hier ist Platz für Notizen

~~~~~~

~~~~~~

Hier ist Platz für Zeichnungen

Datum _____   Dauer der Einheit _____

☐ Bodenarbeit   ☐ Turnier _____

☐ Gymnastik   ☐ Reitstunde mit _____

☐ Ausritt   ☐ _____

Diese Übung ist uns heute besonders gut gelungen

_____

_____

Damit haben wir heute gekämpft

_____

Das ging völlig in die Hose

_____

Das habe ich heute gelernt

_____

Das hat mein Pferd heute gelernt

_____

So sehr harmoniert haben wir heute _____ %

So zufrieden war ich heute mit mir   ☺ 😐 🙂 ☹ 😣

So zufrieden war ich mit meinem Pferd   ☺ 😐 🙂 ☹ 😣

So zufrieden war mein Pferd

So habe ich mein Pferd heute belohnt

~~~~~~

So weit sind wir heute geritten ~~~~~~~~~~~~~~~~~~~~~~~~~ km

So war das Wetter heute

So motiviert war ich / mein Pferd heute ~~~~~~~ % / ~~~~~~~ %

Das ist unsere Backup-Übung um mit einem Erfolg aufzuhören

~~~~~~

~~~~~~

Hier ist Platz für Notizen

~~~~~~

~~~~~~

Hier ist Platz für Zeichnungen

Datum _____   Dauer der Einheit _____

☐ Bodenarbeit   ☐ Turnier   _____
☐ Gymnastik   ☐ Reitstunde mit _____
☐ Ausritt   ☐   _____

Diese Übung ist uns heute besonders gut gelungen

~~~~~~

~~~~~~

Damit haben wir heute gekämpft

~~~~~~

Das ging völlig in die Hose

~~~~~~

Das habe ich heute gelernt

~~~~~~

Das hat mein Pferd heute gelernt

~~~~~~

So sehr harmoniert haben wir heute   ~~~~~~~~~~~~~~~~~~~~~~~~ %

So zufrieden war ich heute mit mir   😊 😐 🙂 🙁 😣

So zufrieden war ich mit meinem Pferd   😊 😐 🙂 🙁 😣

72

So zufrieden war mein Pferd

So habe ich mein Pferd heute belohnt

~~~~~~

So weit sind wir heute geritten ~~~~~~~~~~~~~~~~~~~~ km

So war das Wetter heute

So motiviert war ich / mein Pferd heute ~~~~~~ % / ~~~~~~ %

Das ist unsere Backup-Übung um mit einem Erfolg aufzuhören

~~~~~~

~~~~~~

Hier ist Platz für Notizen

~~~~~~

~~~~~~

Hier ist Platz für Zeichnungen

Datum _____ Dauer der Einheit _____

☐ Bodenarbeit   ☐ Turnier   _____
☐ Gymnastik   ☐ Reitstunde mit _____
☐ Ausritt   ☐   _____

Diese Übung ist uns heute besonders gut gelungen

~~~~~~

~~~~~~

Damit haben wir heute gekämpft

~~~~~~

Das ging völlig in die Hose

~~~~~~

Das habe ich heute gelernt

~~~~~~

Das hat mein Pferd heute gelernt

~~~~~~

So sehr harmoniert haben wir heute   _____ %

So zufrieden war ich heute mit mir   ☺ 🙂 😐 ☹ 😣

So zufrieden war ich mit meinem Pferd   ☺ 🙂 😐 ☹ 😣

So zufrieden war mein Pferd

So habe ich mein Pferd heute belohnt

~~~~~~

So weit sind wir heute geritten _____ km

So war das Wetter heute

So motiviert war ich / mein Pferd heute _____ % / _____ %

Das ist unsere Backup-Übung um mit einem Erfolg aufzuhören

~~~~~~

~~~~~~

Hier ist Platz für Notizen

~~~~~~

~~~~~~

Hier ist Platz für Zeichnungen

Datum _____ Dauer der Einheit _____

☐ Bodenarbeit   ☐ Turnier   _____

☐ Gymnastik   ☐ Reitstunde mit _____

☐ Ausritt   ☐   _____

Diese Übung ist uns heute besonders gut gelungen

~~~~~~

~~~~~~

Damit haben wir heute gekämpft

~~~~~~

Das ging völlig in die Hose

~~~~~~

Das habe ich heute gelernt

~~~~~~

Das hat mein Pferd heute gelernt

~~~~~~

So sehr harmoniert haben wir heute   _____ %

So zufrieden war ich heute mit mir   ☺ 😐 🙁 ☹ 😣

So zufrieden war ich mit meinem Pferd   ☺ 😐 🙁 ☹ 😣

So zufrieden war mein Pferd

So habe ich mein Pferd heute belchnt

~~~~~~

So weit sind wir heute geritten ~~~~~~~~~~~~~~~~~~~~~~~~ km

So war das Wetter heute

So motiviert war ich / mein Pferd heute ~~~~~~ % / ~~~~~~ %

Das ist unsere Backup-Übung um mit einem Erfclg aufzuhören

~~~~~~

~~~~~~

Hier ist Platz für Notizen

~~~~~~

~~~~~~

Hier ist Platz für Zeichnungen

Datum _____ Dauer der Einheit _____

☐ Bodenarbeit ☐ Turnier _____

☐ Gymnastik ☐ Reitstunde mit _____

☐ Ausritt ☐ _____

Diese Übung ist uns heute besonders gut gelungen

_____

_____

Damit haben wir heute gekämpft

_____

Das ging völlig in die Hose

_____

Das habe ich heute gelernt

_____

Das hat mein Pferd heute gelernt

_____

So sehr harmoniert haben wir heute _____ %

So zufrieden war ich heute mit mir ☺ 😐 😕 ☹ 😣

So zufrieden war ich mit meinem Pferd ☺ 😐 😕 ☹ 😣

So zufrieden war mein Pferd

So habe ich mein Pferd heute belohnt

~~~~~~

So weit sind wir heute geritten ~~~~~~~~~~~~~~~~~~~~~~ km

So war das Wetter heute

So motiviert war ich / mein Pferd heute ~~~~~~~ % / ~~~~~~~ %

Das ist unsere Backup-Übung um mit einem Erfolg aufzuhören

~~~~~~

~~~~~~

Hier ist Platz für Notizen

~~~~~~

~~~~~~

Hier ist Platz für Zeichnungen

Datum _____ Dauer der Einheit _____

☐ Bodenarbeit   ☐ Turnier _____

☐ Gymnastik   ☐ Reitstunde mit _____

☐ Ausritt   ☐ _____

Diese Übung ist uns heute besonders gut gelungen

_____

_____

Damit haben wir heute gekämpft

_____

Das ging völlig in die Hose

_____

Das habe ich heute gelernt

_____

Das hat mein Pferd heute gelernt

_____

So sehr harmoniert haben wir heute _____ %

So zufrieden war ich heute mit mir   🙂 😐 🙁 ☹️ 😖

So zufrieden war ich mit meinem Pferd   🙂 😐 🙁 ☹️ 😖

So zufrieden war mein Pferd

So habe ich mein Pferd heute belohnt

~~~~~~

So weit sind wir heute geritten ~~~~~~~~~~~~~~~~~~~~ km

So war das Wetter heute

So motiviert war ich / mein Pferd heute ~~~~~~ % / ~~~~~~ %

Das ist unsere Backup-Übung um mit einem Erfolg aufzuhören

~~~~~~

~~~~~~

Hier ist Platz für Notizen

~~~~~~

~~~~~~

Hier ist Platz für Zeichnungen

Datum ~~~~~~~~~~~~~~~~~ Dauer der Einheit ~~~~~~~~~~~~~~~~~

☐ Bodenarbeit ☐ Turnier ~~~~~~~~~~~~~~~~~

☐ Gymnastik ☐ Reitstunde mit ~~~~~~~~~~~~~~~~~

☐ Ausritt ☐ ~~~~~~~~~~~~~~~~~

Diese Übung ist uns heute besonders gut gelungen

~~~~~~

~~~~~~

Damit haben wir heute gekämpft

~~~~~~

Das ging völlig in die Hose

~~~~~~

Das habe ich heute gelernt

~~~~~~

Das hat mein Pferd heute gelernt

~~~~~~

So sehr harmoniert haben wir heute ~~~~~~~~~~~~~~~~~ %

So zufrieden war ich heute mit mir   ☺ ☺ ☺ ☹ ☹

So zufrieden war ich mit meinem Pferd   ☺ ☺ ☺ ☹ ☹

So zufrieden war mein Pferd

So habe ich mein Pferd heute belohnt

_____

So weit sind wir heute geritten _____ km

So war das Wetter heute

So motiviert war ich / mein Pferd heute _____ % / _____ %

Das ist unsere Backup-Übung um mit einem Erfolg aufzuhören

_____

_____

Hier ist Platz für Notizen

_____

_____

Hier ist Platz für Zeichnungen

Gesundheitsrapport Datum: ♡

_____

_____

_____

_____

_____

Futterplan Datum: ♡

_____

_____

_____

_____

_____

Notizen ♡

Datum _____ Dauer der Einheit _____

☐ Bodenarbeit ☐ Turnier _____

☐ Gymnastik ☐ Reitstunde mit _____

☐ Ausritt ☐ _____

Diese Übung ist uns heute besonders gut gelungen

_____

_____

Damit haben wir heute gekämpft

_____

Das ging völlig in die Hose

_____

Das habe ich heute gelernt

_____

Das hat mein Pferd heute gelernt

_____

So sehr harmoniert haben wir heute _____ %

So zufrieden war ich heute mit mir ☺ 😐 🙂 🙁 😣

So zufrieden war ich mit meinem Pferd ☺ 😐 🙂 🙁 😣

So zufrieden war mein Pferd

So habe ich mein Pferd heute belohnt

~~~~~~

So weit sind wir heute geritten ~~~~~~~~~~~~~~~~~ km

So war das Wetter heute

So motiviert war ich / mein Pferd heute ~~~~~~ % / ~~~~~~ %

Das ist unsere Backup-Übung um mit e nem Erfolg aufzuhören

~~~~~~

~~~~~~

Hier ist Platz für Notizen

~~~~~~

~~~~~~

Hier ist Platz für Zeichnungen

Datum ~~~~~~~~~~~~~~~~~ Dauer der Einheit ~~~~~~~~~~~~~~~~~

☐ Bodenarbeit ☐ Turnier ~~~~~~~~~~~~~~~~~

☐ Gymnastik ☐ Reitstunde mit ~~~~~~~~~~~~~~~~~

☐ Ausritt ☐ ~~~~~~~~~~~~~~~~~

Diese Übung ist uns heute besonders gut gelungen

~~~~~~

~~~~~~

Damit haben wir heute gekämpft

~~~~~~

Das ging völlig in die Hose

~~~~~~

Das habe ich heute gelernt

~~~~~~

Das hat mein Pferd heute gelernt

~~~~~~

So sehr harmoniert haben wir heute ~~~~~~~~~~~~~~~~~ %

So zufrieden war ich heute mit mir 😊 😏 😐 🙁 😣

So zufrieden war ich mit meinem Pferd 😊 😏 😐 🙁 😣

So zufrieden war mein Pferd

So habe ich mein Pferd heute belohnt

~~~~~~

So weit sind wir heute geritten _____ km

So war das Wetter heute

So motiviert war ich / mein Pferd heute _____ % / _____ %

Das ist unsere Backup-Übung um mit einem Erfolg aufzuhören

~~~~~~

~~~~~~

Hier ist Platz für Notizen

~~~~~~

~~~~~~

Hier ist Platz für Zeichnungen

Datum ~~~~~~~~~~~~~~~~~~~~~~~ Dauer der Einheit ~~~~~~~~~~~~~~~~

☐ Bodenarbeit ☐ Turnier ~~~~~~~~~~~~~~~~~~~~~~~~~~~

☐ Gymnastik ☐ Reitstunde mit ~~~~~~~~~~~~~~~~~~~~~

☐ Ausritt ☐ ~~~~~~~~~~~~~~~~~~~~~~~~~~~~~~~

Diese Übung ist uns heute besonders gut gelungen

~~~~~~

~~~~~~

Damit haben wir heute gekämpft

~~~~~~

Das ging völlig in die Hose

~~~~~~

Das habe ich heute gelernt

~~~~~~

Das hat mein Pferd heute gelernt

~~~~~~

So sehr harmoniert haben wir heute ~~~~~~~~~~~~~~~~~~~~~~~~~ %

So zufrieden war ich heute mit mir   ☺ 😐 🙂 🙁 😖

So zufrieden war ich mit meinem Pferd   ☺ 😐 🙂 🙁 😖

90

So zufrieden war mein Pferd

So habe ich mein Pferd heute belohnt

~~~~~~

So weit sind wir heute geritten ~~~~~~~~~~~~~~~~~~~~~~~~~~~ km

So war das Wetter heute

So motiviert war ich / mein Pferd heute ~~~~~~ % / ~~~~~~ %

Das ist unsere Backup-Übung um mit einem Erfolg aufzuhören

~~~~~~

~~~~~~

Hier ist Platz für Notizen

~~~~~~

~~~~~~

Hier ist Platz für Zeichnungen

Datum _____ Dauer der Einheit _____

☐ Bodenarbeit   ☐ Turnier   _____
☐ Gymnastik   ☐ Reitstunde mit _____
☐ Ausritt   ☐   _____

Diese Übung ist uns heute besonders gut gelungen

~~~~~~

~~~~~~

Damit haben wir heute gekämpft

~~~~~~

Das ging völlig in die Hose

~~~~~~

Das habe ich heute gelernt

~~~~~~

Das hat mein Pferd heute gelernt

~~~~~~

So sehr harmoniert haben wir heute   _____ %

So zufrieden war ich heute mit mir   🙂 😐 🙁 ☹️ 😣

So zufrieden war ich mit meinem Pferd 🙂 😐 🙁 ☹️ 😣

92

So zufrieden war mein Pferd

So habe ich mein Pferd heute belohnt

~~~~~~

So weit sind wir heute geritten _____ km

So war das Wetter heute

So motiviert war ich / mein Pferd heute _____ % / _____ %

Das ist unsere Backup-Übung um mit einem Erfolg aufzuhören

~~~~~~

~~~~~~

Hier ist Platz für Notizen

~~~~~~

~~~~~~

Hier ist Platz für Zeichnungen

Datum _____   Dauer der Einheit _____

☐ Bodenarbeit   ☐ Turnier   _____

☐ Gymnastik   ☐ Reitstunde mit   _____

☐ Ausritt   ☐   _____

Diese Übung ist uns heute besonders gut gelungen

_____

_____

Damit haben wir heute gekämpft

_____

Das ging völlig in die Hose

_____

Das habe ich heute gelernt

_____

Das hat mein Pferd heute gelernt

_____

So sehr harmoniert haben wir heute   _____ %

So zufrieden war ich heute mit mir   ☺ 😐 😕 ☹ 😣

So zufrieden war ich mit meinem Pferd   ☺ 😐 😕 ☹ 😣

So zufrieden war mein Pferd

So habe ich mein Pferd heute belohnt

~~~~~~

So weit sind wir heute geritten ~~~~~~~~~~~~~~~~~ km

So war das Wetter heute

So motiviert war ich / mein Pferd heute ~~~~~ % / ~~~~~ %

Das ist unsere Backup-Übung um mit einem Erfolg aufzuhören

~~~~~~

~~~~~~

Hier ist Platz für Notizen

~~~~~~

~~~~~~

Hier ist Platz für Zeichnungen

Datum ~~~~~~~~~~~~~~~~~~~~~ Dauer der Einheit ~~~~~~~~~~~~~~~~~~~~~

☐ Bodenarbeit   ☐ Turnier   ~~~~~~~~~~~~~~~~~~~~~
☐ Gymnastik   ☐ Reitstunde mit   ~~~~~~~~~~~~~~~~~~~~~
☐ Ausritt   ☐   ~~~~~~~~~~~~~~~~~~~~~

Diese Übung ist uns heute besonders gut gelungen

~~~~~~

~~~~~~

Damit haben wir heute gekämpft

~~~~~~

Das ging völlig in die Hose

~~~~~~

Das habe ich heute gelernt

~~~~~~

Das hat mein Pferd heute gelernt

~~~~~~

So sehr harmoniert haben wir heute   ~~~~~~~~~~~~~~~~~~~~~~~~ %

So zufrieden war ich heute mit mir   😊 😐 😮 🙁 😣

So zufrieden war ich mit meinem Pferd   😊 😐 😮 🙁 😣

So zufrieden war mein Pferd

So habe ich mein Pferd heute belohnt

_____

So weit sind wir heute geritten   _____ km

So war das Wetter heute

So motiviert war ich / mein Pferd heute   _____ % / _____ %

Das ist unsere Backup-Übung um mit einem Erfolg aufzuhören

_____

_____

Hier ist Platz für Notizen

_____

_____

Hier ist Platz für Zeichnungen

Datum _____   Dauer der Einheit _____

☐ Bodenarbeit   ☐ Turnier   _____
☐ Gymnastik   ☐ Reitstunde mit   _____
☐ Ausritt   ☐   _____

Diese Übung ist uns heute besonders gut gelungen

_____

_____

Damit haben wir heute gekämpft

_____

Das ging völlig in die Hose

_____

Das habe ich heute gelernt

_____

Das hat mein Pferd heute gelernt

_____

So sehr harmoniert haben wir heute   _____ %

So zufrieden war ich heute mit mir   ☺ 🙂 😐 🙁 😖

So zufrieden war ich mit meinem Pferd   ☺ 🙂 😐 🙁 😖

So zufrieden war mein Pferd

So habe ich mein Pferd heute belohnt

_____

So weit sind wir heute geritten _____ km

So war das Wetter heute

So motiviert war ich / mein Pferd heute _____ % / _____ %

Das ist unsere Backup-Übung um mit einem Erfolg aufzuhören

_____

_____

Hier ist Platz für Notizen

_____

_____

Hier ist Platz für Zeichnungen

Datum _____ Dauer der Einheit _____

☐ Bodenarbeit   ☐ Turnier   _____
☐ Gymnastik   ☐ Reitstunde mit   _____
☐ Ausritt   ☐   _____

Diese Übung ist uns heute besonders gut gelungen

_____

_____

Damit haben wir heute gekämpft

_____

Das ging völlig in die Hose

_____

Das habe ich heute gelernt

_____

Das hat mein Pferd heute gelernt

_____

So sehr harmoniert haben wir heute   _____ %

So zufrieden war ich heute mit mir   ☺ 😐 🙂 ☹ 😣

So zufrieden war ich mit meinem Pferd   ☺ 😐 🙂 ☹ 😣

So zufrieden war mein Pferd

So habe ich mein Pferd heute belohnt

_____

So weit sind wir heute geritten _____ km

So war das Wetter heute

So motiviert war ich / mein Pferd heute _____ % / _____ %

Das ist unsere Backup-Übung um mit einem Erfolg aufzuhören

_____

_____

Hier ist Platz für Notizen

_____

_____

Hier ist Platz für Zeichnungen

Datum ~~~~~~~~~~~~~~~~~ Dauer der Einheit ~~~~~~~~~~~~~~

☐ Bodenarbeit   ☐ Turnier ~~~~~~~~~~~~~~~~~~~~~~~

☐ Gymnastik   ☐ Reitstunde mit ~~~~~~~~~~~~~~~~~

☐ Ausritt   ☐ ~~~~~~~~~~~~~~~~~~~~~~~~~~~~~~~~

Diese Übung ist uns heute besonders gut gelungen

~~~~~~

~~~~~~

Damit haben wir heute gekämpft

~~~~~~

Das ging völlig in die Hose

~~~~~~

Das habe ich heute gelernt

~~~~~~

Das hat mein Pferd heute gelernt

~~~~~~

So sehr harmoniert haben wir heute ~~~~~~~~~~~~~~~~~~~ %

So zufrieden war ich heute mit mir   ☺ 😐 😕 ☹ 😣

So zufrieden war ich mit meinem Pferd   ☺ 😐 😕 ☹ 😣

So zufrieden war mein Pferd

So habe ich mein Pferd heute belohnt

_____

So weit sind wir heute geritten _____ km

So war das Wetter heute

So motiviert war ich / mein Pferd heute _____ % / _____ %

Das ist unsere Backup-Übung um mit einem Erfolg aufzuhören

_____

_____

Hier ist Platz für Notizen

_____

_____

Hier ist Platz für Zeichnungen

Gesundheitsrapport Datum: ♡

_____

_____

_____

_____

_____

Futterplan Datum: ♡

_____

_____

_____

_____

_____

‚Ein Pferd galoppiert mit seiner Lunge,
hält durch mit seinem Herzen,
gewinnt mit seinem Charakter.'
Federico Tesio

Datum _____   Dauer der Einheit _____

☐ Bodenarbeit   ☐ Turnier   _____

☐ Gymnastik   ☐ Reitstunde mit   _____

☐ Ausritt   ☐   _____

Diese Übung ist uns heute besonders gut gelungen

_____

_____

Damit haben wir heute gekämpft

_____

Das ging völlig in die Hose

_____

Das habe ich heute gelernt

_____

Das hat mein Pferd heute gelernt

_____

So sehr harmoniert haben wir heute   _____ %

So zufrieden war ich heute mit mir   ☺ 😐 😕 ☹ 😬

So zufrieden war ich mit meinem Pferd   ☺ 😐 😕 ☹ 😬

So zufrieden war mein Pferd

So habe ich mein Pferd heute belohnt

~~~~~~

So weit sind wir heute geritten ~~~~~~~~~~~~~~~~~~~~~~~ km

So war das Wetter heute

So motiviert war ich / mein Pferd heute ~~~~~ % / ~~~~~ %

Das ist unsere Backup-Übung um mit einem Erfolg aufzuhören

~~~~~~

~~~~~~

Hier ist Platz für Notizen

~~~~~~

~~~~~~

Hier ist Platz für Zeichnungen

Datum ~~~~~~~~~~~~~~~~~~~~ Dauer der Einheit ~~~~~~~~~~~~~~~

☐ Bodenarbeit ☐ Turnier ~~~~~~~~~~~~~~~~~

☐ Gymnastik ☐ Reitstunde mit ~~~~~~~~~~~~~~~

☐ Ausritt ☐ ~~~~~~~~~~~~~~~~~~~~~

Diese Übung ist uns heute besonders gut gelungen

~~~~~~

~~~~~~

Damit haben wir heute gekämpft

~~~~~~

Das ging völlig in die Hose

~~~~~~

Das habe ich heute gelernt

~~~~~~

Das hat mein Pferd heute gelernt

~~~~~~

So sehr harmoniert haben wir heute ~~~~~~~~~~~~~~~~~~~~~~~~~~~~ %

So zufrieden war ich heute mit mir 😊 😐 🙁 ☹️ 😣

So zufrieden war ich mit meinem Pferd 😊 😐 🙁 ☹️ 😣

So zufrieden war mein Pferd

So habe ich mein Pferd heute belohnt

~~~~~~

So weit sind wir heute geritten ~~~~~~~~~~~~~~~~~~~ km

So war das Wetter heute

So motiviert war ich / mein Pferd heute ~~~~~ % / ~~~~~ %

Das ist unsere Backup-Übung um mit einem Erfolg aufzuhören

~~~~~~

~~~~~~

Hier ist Platz für Notizen

~~~~~~

~~~~~~

Hier ist Platz für Zeichnungen

Datum _____   Dauer der Einheit _____

☐ Bodenarbeit   ☐ Turnier   _____
☐ Gymnastik   ☐ Reitstunde mit   _____
☐ Ausritt   ☐   _____

Diese Übung ist uns heute besonders gut gelungen

_____

_____

Damit haben wir heute gekämpft

_____

Das ging völlig in die Hose

_____

Das habe ich heute gelernt

_____

Das hat mein Pferd heute gelernt

_____

So sehr harmoniert haben wir heute _____ %

So zufrieden war ich heute mit mir   ☺ ☺ ☺ ☹ 😣

So zufrieden war ich mit meinem Pferd ☺ ☺ ☺ ☹ 😣

So zufrieden war mein Pferd

So habe ich mein Pferd heute belohnt

~~~~~~

So weit sind wir heute geritten _____ km

So war das Wetter heute

So motiviert war ich / mein Pferd heute _____ % / _____ %

Das ist unsere Backup-Übung um mit e'nem Erfolg aufzuhören

~~~~~~

~~~~~~

Hier ist Platz für Notizen

~~~~~~

~~~~~~

Hier ist Platz für Zeichnungen

Datum _____   Dauer der Einheit _____

☐ Bodenarbeit   ☐ Turnier   _____
☐ Gymnastik   ☐ Reitstunde mit _____
☐ Ausritt   ☐   _____

Diese Übung ist uns heute besonders gut gelungen

_____

_____

Damit haben wir heute gekämpft

_____

Das ging völlig in die Hose

_____

Das habe ich heute gelernt

_____

Das hat mein Pferd heute gelernt

_____

So sehr harmoniert haben wir heute   _____ %

So zufrieden war ich heute mit mir   ☺ 😐 🙁 ☹ 😖

So zufrieden war ich mit meinem Pferd   ☺ 😐 🙁 ☹ 😖

So zufrieden war mein Pferd

So habe ich mein Pferd heute belohnt

~~~~~~

So weit sind wir heute geritten _____ km

So war das Wetter heute

So motiviert war ich / mein Pferd heute _____ % / _____ %

Das ist unsere Backup-Übung um mit einem Erfolg aufzuhören

~~~~~~

~~~~~~

Hier ist Platz für Notizen

~~~~~~

~~~~~~

Hier ist Platz für Zeichnungen

Datum ~~~~~~~~~~~~~~~~~~ Dauer der Einheit ~~~~~~~~~~~~~~~~~~

☐ Bodenarbeit   ☐ Turnier ~~~~~~~~~~~~~~~~~~

☐ Gymnastik   ☐ Reitstunde mit ~~~~~~~~~~~~~~~~~~

☐ Ausritt   ☐ ~~~~~~~~~~~~~~~~~~

Diese Übung ist uns heute besonders gut gelungen

~~~~~~

~~~~~~

Damit haben wir heute gekämpft

~~~~~~

Das ging völlig in die Hose

~~~~~~

Das habe ich heute gelernt

~~~~~~

Das hat mein Pferd heute gelernt

~~~~~~

So sehr harmoniert haben wir heute ~~~~~~~~~~~~~~~~~~ %

So zufrieden war ich heute mit mir   🙂 😕 😐 🙁 😣

So zufrieden war ich mit meinem Pferd   🙂 😕 😐 🙁 😣

So zufrieden war mein Pferd

So habe ich mein Pferd heute belohnt

~~~~~~

So weit sind wir heute geritten ~~~~~~~~~~~~~~~~~~~~~~~ km

So war das Wetter heute

So motiviert war ich / mein Pferd heute ~~~~~~ % / ~~~~~~ %

Das ist unsere Backup-Übung um mit einem Erfolg aufzuhören

~~~~~~

~~~~~~

Hier ist Platz für Notizen

~~~~~~

~~~~~~

Hier ist Platz für Zeichnungen

Datum _____ Dauer der Einheit _____

☐ Bodenarbeit ☐ Turnier _____

☐ Gymnastik ☐ Reitstunde mit _____

☐ Ausritt ☐ _____

Diese Übung ist uns heute besonders gut gelungen

_____

_____

Damit haben wir heute gekämpft

_____

Das ging völlig in die Hose

_____

Das habe ich heute gelernt

_____

Das hat mein Pferd heute gelernt

_____

So sehr harmoniert haben wir heute _____ %

So zufrieden war ich heute mit mir ☺ 😕 🙂 ☹ 😣

So zufrieden war ich mit meinem Pferd ☺ 😕 🙂 ☹ 😣

So zufrieden war mein Pferd

So habe ich mein Pferd heute belohnt

~~~~~~

So weit sind wir heute geritten   ~~~~~~~~~~~~~~~~~~~ km

So war das Wetter heute

So motiviert war ich / mein Pferd heute   ~~~~~~~ % / ~~~~~~~ %

Das ist unsere Backup-Übung um mit enem Erfolg aufzuhören

~~~~~~

~~~~~~

Hier ist Platz für Notizen

~~~~~~

~~~~~~

Hier ist Platz für Zeichnungen

Datum _____   Dauer der Einheit _____

☐ Bodenarbeit   ☐ Turnier   _____
☐ Gymnastik   ☐ Reitstunde mit   _____
☐ Ausritt   ☐   _____

Diese Übung ist uns heute besonders gut gelungen

~~~~~~

~~~~~~

Damit haben wir heute gekämpft

~~~~~~

Das ging völlig in die Hose

~~~~~~

Das habe ich heute gelernt

~~~~~~

Das hat mein Pferd heute gelernt

~~~~~~

So sehr harmoniert haben wir heute   _____ %

So zufrieden war ich heute mit mir   ☺ 😐 😶 ☹ 😣

So zufrieden war ich mit meinem Pferd   ☺ 😐 😶 ☹ 😣

So zufrieden war mein Pferd

So habe ich mein Pferd heute belohnt

~~~~~~

So weit sind wir heute geritten _____ km

So war das Wetter heute

So motiviert war ich / mein Pferd heute _____ % / _____ %

Das ist unsere Backup-Übung um mit einem Erfolg aufzuhören

~~~~~~

~~~~~~

Hier ist Platz für Notizen

~~~~~~

~~~~~~

Hier ist Platz für Zeichnungen

Datum ～～～～～～～～　Dauer der Einheit ～～～～～～～

☐ Bodenarbeit　☐ Turnier ～～～～～～～～～～～

☐ Gymnastik　☐ Reitstunde mit ～～～～～～～～～

☐ Ausritt　☐ ～～～～～～～～～～～～

Diese Übung ist uns heute besonders gut gelungen

～～～～～～～～～～～～～～～～～～～～～～～～～

～～～～～～～～～～～～～～～～～～～～～～～～～

Damit haben wir heute gekämpft

～～～～～～～～～～～～～～～～～～～～～～～～～

Das ging völlig in die Hose

～～～～～～～～～～～～～～～～～～～～～～～～～

Das habe ich heute gelernt

～～～～～～～～～～～～～～～～～～～～～～～～～

Das hat mein Pferd heute gelernt

～～～～～～～～～～～～～～～～～～～～～～～～～

So sehr harmoniert haben wir heute ～～～～～～～～ %

So zufrieden war ich heute mit mir　☺ 😐 🙁 ☹ 😫

So zufrieden war ich mit meinem Pferd　☺ 😐 🙁 ☹ 😫

So zufrieden war mein Pferd

So habe ich mein Pferd heute belohnt

~~~~~~

So weit sind wir heute geritten _____ km

So war das Wetter heute

So motiviert war ich / mein Pferd heute _____ % / _____ %

Das ist unsere Backup-Übung um mit einem Erfolg aufzuhören

~~~~~~

~~~~~~

Hier ist Platz für Notizen

~~~~~~

~~~~~~

Hier ist Platz für Zeichnungen

Datum _____   Dauer der Einheit _____

☐ Bodenarbeit   ☐ Turnier   _____
☐ Gymnastik   ☐ Reitstunde mit   _____
☐ Ausritt   ☐   _____

Diese Übung ist uns heute besonders gut gelungen
_____
_____

Damit haben wir heute gekämpft
_____

Das ging völlig in die Hose
_____

Das habe ich heute gelernt
_____

Das hat mein Pferd heute gelernt
_____

So sehr harmoniert haben wir heute   _____ %

So zufrieden war ich heute mit mir   ☺ ☺ ☺ ☹ ☹

So zufrieden war ich mit meinem Pferd   ☺ ☺ ☺ ☹ ☹

So zufrieden war mein Pferd

So habe ich mein Pferd heute belohnt

_____

So weit sind wir heute geritten _____ km

So war das Wetter heute

So motiviert war ich / mein Pferd heute _____ % / _____ %

Das ist unsere Backup-Übung um mit einem Erfolg aufzuhören

_____

_____

Hier ist Platz für Notizen

_____

_____

Hier ist Platz für Zeichnungen

Gesundheitsrapport Datum: ♡

_____

_____

_____

_____

_____

Futterplan Datum: ♡

_____

_____

_____

_____

_____

Notizen ♡

Datum _____   Dauer der Einheit _____

☐ Bodenarbeit   ☐ Turnier _____

☐ Gymnastik   ☐ Reitstunde mit _____

☐ Ausritt   ☐ _____

Diese Übung ist uns heute besonders gut gelungen

_____

_____

Damit haben wir heute gekämpft

_____

Das ging völlig in die Hose

_____

Das habe ich heute gelernt

_____

Das hat mein Pferd heute gelernt

_____

So sehr harmoniert haben wir heute _____ %

So zufrieden war ich heute mit mir   🙂 😐 😮 🙁 😣

So zufrieden war ich mit meinem Pferd   🙂 😐 😮 🙁 😣

So zufrieden war mein Pferd

So habe ich mein Pferd heute belohnt

~~~~~~

So weit sind wir heute geritten _____ km

So war das Wetter heute

So motiviert war ich / mein Pferd heute _____ % / _____ %

Das ist unsere Backup-Übung um mit einem Erfolg aufzuhören

~~~~~~

~~~~~~

Hier ist Platz für Notizen

~~~~~~

~~~~~~

Hier ist Platz für Zeichnungen

Datum _____ Dauer der Einheit _____

☐ Bodenarbeit ☐ Turnier _____

☐ Gymnastik ☐ Reitstunde mit _____

☐ Ausritt ☐ _____

Diese Übung ist uns heute besonders gut gelungen

_____

_____

Damit haben wir heute gekämpft

_____

Das ging völlig in die Hose

_____

Das habe ich heute gelernt

_____

Das hat mein Pferd heute gelernt

_____

So sehr harmoniert haben wir heute _____ %

So zufrieden war ich heute mit mir   ☺ 😐 🙂 ☹ 😖

So zufrieden war ich mit meinem Pferd   ☺ 😐 🙂 ☹ 😖

So zufrieden war mein Pferd

So habe ich mein Pferd heute belohnt

~~~~~~

So weit sind wir heute geritten _____ km

So war das Wetter heute

So motiviert war ich / mein Pferd heute _____ % / _____ %

Das ist unsere Backup-Übung um mit einem Erfolg aufzuhören

~~~~~~

~~~~~~

Hier ist Platz für Notizen

~~~~~~

~~~~~~

Hier ist Platz für Zeichnungen

Datum _____ Dauer der Einheit _____

☐ Bodenarbeit   ☐ Turnier _____

☐ Gymnastik   ☐ Reitstunde mit _____

☐ Ausritt   ☐ _____

Diese Übung ist uns heute besonders gut gelungen

~~~~~~

~~~~~~

Damit haben wir heute gekämpft

~~~~~~

Das ging völlig in die Hose

~~~~~~

Das habe ich heute gelernt

~~~~~~

Das hat mein Pferd heute gelernt

~~~~~~

So sehr harmoniert haben wir heute ~~~~~~~~~~~~~~~~~~~~~~~~~~~~ %

So zufrieden war ich heute mit mir   ☺ 😐 🙂 🙁 😖

So zufrieden war ich mit meinem Pferd   ☺ 😐 🙂 🙁 😖

So zufrieden war mein Pferd

So habe ich mein Pferd heute belohnt

~~~~~~

So weit sind wir heute geritten _____ km

So war das Wetter heute

So motiviert war ich / mein Pferd heute _____ % / _____ %

Das ist unsere Backup-Übung um mit einem Erfolg aufzuhören

~~~~~~

~~~~~~

Hier ist Platz für Notizen

~~~~~~

~~~~~~

Hier ist Platz für Zeichnungen

Datum _____ Dauer der Einheit _____

☐ Bodenarbeit   ☐ Turnier   _____
☐ Gymnastik   ☐ Reitstunde mit   _____
☐ Ausritt   ☐   _____

Diese Übung ist uns heute besonders gut gelungen

_____

_____

Damit haben wir heute gekämpft

_____

Das ging völlig in die Hose

_____

Das habe ich heute gelernt

_____

Das hat mein Pferd heute gelernt

_____

So sehr harmoniert haben wir heute _____ %

So zufrieden war ich heute mit mir   ☺ ☺ ☺ ☹ ☹

So zufrieden war ich mit meinem Pferd   ☺ ☺ ☺ ☹ ☹

So zufrieden war mein Pferd

So habe ich mein Pferd heute belohnt

~~~~~~

So weit sind wir heute geritten ~~~~~~~~~~~~~~~~~ km

So war das Wetter heute

So motiviert war ich / mein Pferd heute ~~~~~ % / ~~~~~ %

Das ist unsere Backup-Übung um mit einem Erfolg aufzuhören

~~~~~~

~~~~~~

Hier ist Platz für Notizen

~~~~~~

~~~~~~

Hier ist Platz für Zeichnungen

Datum _____ Dauer der Einheit _____

☐ Bodenarbeit   ☐ Turnier   _____
☐ Gymnastik   ☐ Reitstunde mit   _____
☐ Ausritt   ☐   _____

Diese Übung ist uns heute besonders gut gelungen

_____

_____

Damit haben wir heute gekämpft

_____

Das ging völlig in die Hose

_____

Das habe ich heute gelernt

_____

Das hat mein Pferd heute gelernt

_____

So sehr harmoniert haben wir heute _____ %

So zufrieden war ich heute mit mir   ☺ 😕 🙂 🙁 😖

So zufrieden war ich mit meinem Pferd ☺ 😕 🙂 🙁 😖

So zufrieden war mein Pferd

So habe ich mein Pferd heute belohnt

~~~~~~

So weit sind wir heute geritten _____ km

So war das Wetter heute

So motiviert war ich / mein Pferd heute _____ % / _____ %

Das ist unsere Backup-Übung um mit e nem Erfolg aufzuhören

~~~~~~

~~~~~~

Hier ist Platz für Notizen

~~~~~~

~~~~~~

Hier ist Platz für Zeichnungen

Datum ~~~~~~~~~~~~~~~~~~~ Dauer der Einheit ~~~~~~~~~~~~~~~~~~~

☐ Bodenarbeit   ☐ Turnier ~~~~~~~~~~~~~~~~~~~

☐ Gymnastik   ☐ Reitstunde mit ~~~~~~~~~~~~~~~~~~~

☐ Ausritt   ☐ ~~~~~~~~~~~~~~~~~~~

Diese Übung ist uns heute besonders gut gelungen

~~~~~~

~~~~~~

Damit haben wir heute gekämpft

~~~~~~

Das ging völlig in die Hose

~~~~~~

Das habe ich heute gelernt

~~~~~~

Das hat mein Pferd heute gelernt

~~~~~~

So sehr harmoniert haben wir heute ~~~~~~~~~~~~~~~~~~~ %

So zufrieden war ich heute mit mir   ☺ 😐 🙂 ☹ 😖

So zufrieden war ich mit meinem Pferd ☺ 😐 🙂 ☹ 😖

136

So zufrieden war mein Pferd

So habe ich mein Pferd heute belohnt

~~~~~~

So weit sind wir heute geritten _____ km

So war das Wetter heute

So motiviert war ich / mein Pferd heute _____ % / _____ %

Das ist unsere Backup-Übung um mit einem Erfolg aufzuhören

~~~~~~

~~~~~~

Hier ist Platz für Notizen

~~~~~~

~~~~~~

Hier ist Platz für Zeichnungen

Datum _____   Dauer der Einheit _____

☐ Bodenarbeit   ☐ Turnier _____
☐ Gymnastik   ☐ Reitstunde mit _____
☐ Ausritt   ☐ _____

Diese Übung ist uns heute besonders gut gelungen

_____

_____

Damit haben wir heute gekämpft

_____

Das ging völlig in die Hose

_____

Das habe ich heute gelernt

_____

Das hat mein Pferd heute gelernt

_____

So sehr harmoniert haben wir heute _____ %

So zufrieden war ich heute mit mir   ☺ 😐 🙂 ☹ 😖

So zufrieden war ich mit meinem Pferd ☺ 😐 🙂 ☹ 😖

So zufrieden war mein Pferd

So habe ich mein Pferd heute belohnt

~~~~~~

So weit sind wir heute geritten ~~~~~~~~~~~~~~~~~~ km

So war das Wetter heute

So motiviert war ich / mein Pferd heute ~~~~~~ % / ~~~~~~ %

Das ist unsere Backup-Übung um mit einem Erfolg aufzuhören

~~~~~~

~~~~~~

Hier ist Platz für Notizen

~~~~~~

~~~~~~

Hier ist Platz für Zeichnungen

Datum ~~~~~~~~~~~~~~~~~~~~~ Dauer der Einheit ~~~~~~~~~~~~~~~~~~

☐ Bodenarbeit   ☐ Turnier   ~~~~~~~~~~~~~~~~~~~~~~~~

☐ Gymnastik   ☐ Reitstunde mit ~~~~~~~~~~~~~~~~~~~~~~~~

☐ Ausritt   ☐   ~~~~~~~~~~~~~~~~~~~~~~~~

Diese Übung ist uns heute besonders gut gelungen

~~~~~~

~~~~~~

Damit haben wir heute gekämpft

~~~~~~

Das ging völlig in die Hose

~~~~~~

Das habe ich heute gelernt

~~~~~~

Das hat mein Pferd heute gelernt

~~~~~~

So sehr harmoniert haben wir heute   ~~~~~~~~~~~~~~~~~~~ %

So zufrieden war ich heute mit mir   ☺ 😐 🙂 ☹ 😣

So zufrieden war ich mit meinem Pferd   ☺ 😐 🙂 ☹ 😣

So zufrieden war mein Pferd

So habe ich mein Pferd heute belohnt

~~~~~~

So weit sind wir heute geritten ~~~~~~~~~~~~~~~~~~~~~ km

So war das Wetter heute

So motiviert war ich / mein Pferd heute ~~~~~~ % / ~~~~~~ %

Das ist unsere Backup-Übung um mit e nem Erfolg aufzuhören

~~~~~~

~~~~~~

Hier ist Platz für Notizen

~~~~~~

~~~~~~

Hier ist Platz für Zeichnungen

Datum ~~~~~~~~~~~~~~~~~~~~~~~~~~~ Dauer der Einheit ~~~~~~~~~~~~~~~~~~

☐ Bodenarbeit   ☐ Turnier ~~~~~~~~~~~~~~~~~~~~~~~~

☐ Gymnastik   ☐ Reitstunde mit ~~~~~~~~~~~~~~~~~

☐ Ausritt   ☐ ~~~~~~~~~~~~~~~~~~~~~~~~~~~~~~~~~

Diese Übung ist uns heute besonders gut gelungen

~~~~~~

~~~~~~

Damit haben wir heute gekämpft

~~~~~~

Das ging völlig in die Hose

~~~~~~

Das habe ich heute gelernt

~~~~~~

Das hat mein Pferd heute gelernt

~~~~~~

So sehr harmoniert haben wir heute ~~~~~~~~~~~~~~~~~~~~~~~~ %

So zufrieden war ich heute mit mir   ☺ 😐 🙂 ☹ 😣

So zufrieden war ich mit meinem Pferd   ☺ 😐 🙂 ☹ 😣

So zufrieden war mein Pferd

So habe ich mein Pferd heute belohnt

~~~~~~

So weit sind wir heute geritten _____ km

So war das Wetter heute

So motiviert war ich / mein Pferd heute _____ % / _____ %

Das ist unsere Backup-Übung um mit einem Erfolg aufzuhören

~~~~~~

~~~~~~

Hier ist Platz für Notizen

~~~~~~

~~~~~~

Hier ist Platz für Zeichnungen

Gesundheitsrapport Datum: ♡

_____

_____

_____

_____

_____

Futterplan Datum: ♡

_____

_____

_____

_____

_____

Das Pferd ist dein Spiegel. Es schmeichelt dir nie.
Es spiegelt dein Temperament.
Es spiegelt auch seine Schwankungen.
Ärgere dich nie über ein Pferd;
du könntest dich ebensowohl über deinen Spiegel ärgern.

Rudolph G. Binding.

Datum _____ Dauer der Einheit _____

☐ Bodenarbeit ☐ Turnier _____

☐ Gymnastik ☐ Reitstunde mit _____

☐ Ausritt ☐ _____

Diese Übung ist uns heute besonders gut gelungen

~~~~~~

~~~~~~

Damit haben wir heute gekämpft

~~~~~~

Das ging völlig in die Hose

~~~~~~

Das habe ich heute gelernt

~~~~~~

Das hat mein Pferd heute gelernt

~~~~~~

So sehr harmoniert haben wir heute ~~~~~~~~~~~~~~~~~~~~~ %

So zufrieden war ich heute mit mir   ☺ 😐 😕 ☹ 😣

So zufrieden war ich mit meinem Pferd   ☺ 😐 😕 ☹ 😣

146

So zufrieden war mein Pferd

So habe ich mein Pferd heute belohnt

~~~~~~

So weit sind wir heute geritten ~~~~~~~~~~~~~~~~~~~~ km

So war das Wetter heute

So motiviert war ich / mein Pferd heute ~~~~~~~ % / ~~~~~~~ %

Das ist unsere Backup-Übung um mit e'nem Erfolg aufzuhören

~~~~~~

~~~~~~

Hier ist Platz für Notizen

~~~~~~

~~~~~~

Hier ist Platz für Zeichnungen

Datum _____ Dauer der Einheit _____

☐ Bodenarbeit   ☐ Turnier _____

☐ Gymnastik   ☐ Reitstunde mit _____

☐ Ausritt   ☐ _____

Diese Übung ist uns heute besonders gut gelungen

_____

_____

Damit haben wir heute gekämpft

_____

Das ging völlig in die Hose

_____

Das habe ich heute gelernt

_____

Das hat mein Pferd heute gelernt

_____

So sehr harmoniert haben wir heute _____ %

So zufrieden war ich heute mit mir   🙂 😐 🙁 ☹️ 😬

So zufrieden war ich mit meinem Pferd   🙂 😐 🙁 ☹️ 😬

So zufrieden war mein Pferd

So habe ich mein Pferd heute belohnt

~~~~~~

So weit sind wir heute geritten _____ km

So war das Wetter heute

So motiviert war ich / mein Pferd heute _____ % / _____ %

Das ist unsere Backup-Übung um mit einem Erfolg aufzuhören

~~~~~~

~~~~~~

Hier ist Platz für Notizen

~~~~~~

~~~~~~

Hier ist Platz für Zeichnungen

Datum ~~~~~~~~~~~~~~~~~~~~~ Dauer der Einheit ~~~~~~~~~~~~~

☐ Bodenarbeit   ☐ Turnier ~~~~~~~~~~~~~~~~~~~~~~~~~~~~~

☐ Gymnastik   ☐ Reitstunde mit ~~~~~~~~~~~~~~~~~~~~~

☐ Ausritt   ☐ ~~~~~~~~~~~~~~~~~~~~~~~~~~~~~~~~~~~~

Diese Übung ist uns heute besonders gut gelungen

~~~~~~

~~~~~~

Damit haben wir heute gekämpft

~~~~~~

Das ging völlig in die Hose

~~~~~~

Das habe ich heute gelernt

~~~~~~

Das hat mein Pferd heute gelernt

~~~~~~

So sehr harmoniert haben wir heute ~~~~~~~~~~~~~~~~~~~~~ %

So zufrieden war ich heute mit mir   😊 😏 😐 🙁 😖

So zufrieden war ich mit meinem Pferd   😊 😏 😐 🙁 😖

So zufrieden war mein Pferd

So habe ich mein Pferd heute belohnt

~~~~~~

So weit sind wir heute geritten _____ km

So war das Wetter heute

So motiviert war ich / mein Pferd heute _____ % / _____ %

Das ist unsere Backup-Übung um mit einem Erfolg aufzuhören

~~~~~~

~~~~~~

Hier ist Platz für Notizen

~~~~~~

~~~~~~

Hier ist Platz für Zeichnungen

Datum _____ Dauer der Einheit _____

☐ Bodenarbeit   ☐ Turnier _____

☐ Gymnastik   ☐ Reitstunde mit _____

☐ Ausritt   ☐ _____

Diese Übung ist uns heute besonders gut gelungen

_____

_____

Damit haben wir heute gekämpft

_____

Das ging völlig in die Hose

_____

Das habe ich heute gelernt

_____

Das hat mein Pferd heute gelernt

_____

So sehr harmoniert haben wir heute _____ %

So zufrieden war ich heute mit mir   ☺ 😐 🙂 🙁 😣

So zufrieden war ich mit meinem Pferd   ☺ 😐 🙂 🙁 😣

So zufrieden war mein Pferd

So habe ich mein Pferd heute belohnt

~~~~~~

So weit sind wir heute geritten   ~~~~~~~~~~~~~ km

So war das Wetter heute

So motiviert war ich / mein Pferd heute   ~~~~~ % / ~~~~~ %

Das ist unsere Backup-Übung um mit einem Erfolg aufzuhören

~~~~~~

~~~~~~

Hier ist Platz für Notizen

~~~~~~

~~~~~~

Hier ist Platz für Zeichnungen

Datum _____ Dauer der Einheit _____

☐ Bodenarbeit   ☐ Turnier   _____

☐ Gymnastik   ☐ Reitstunde mit   _____

☐ Ausritt   ☐   _____

Diese Übung ist uns heute besonders gut gelungen

~~~~~~

~~~~~~

Damit haben wir heute gekämpft

~~~~~~

Das ging völlig in die Hose

~~~~~~

Das habe ich heute gelernt

~~~~~~

Das hat mein Pferd heute gelernt

~~~~~~

So sehr harmoniert haben wir heute   _____ %

So zufrieden war ich heute mit mir   🙂 😐 🙁 ☹️ 😖

So zufrieden war ich mit meinem Pferd 🙂 😐 🙁 ☹️ 😖

So zufrieden war mein Pferd

So habe ich mein Pferd heute belohnt

_____

So weit sind wir heute geritten _____ km

So war das Wetter heute

So motiviert war ich / mein Pferd heute _____ % / _____ %

Das ist unsere Backup-Übung um mit einem Erfolg aufzuhören

_____

_____

Hier ist Platz für Notizen

_____

_____

Hier ist Platz für Zeichnungen

Datum _____ Dauer der Einheit _____

☐ Bodenarbeit ☐ Turnier _____

☐ Gymnastik ☐ Reitstunde mit _____

☐ Ausritt ☐ _____

Diese Übung ist uns heute besonders gut gelungen

_____

_____

Damit haben wir heute gekämpft

_____

Das ging völlig in die Hose

_____

Das habe ich heute gelernt

_____

Das hat mein Pferd heute gelernt

_____

So sehr harmoniert haben wir heute _____ %

So zufrieden war ich heute mit mir ☺ 😕 😐 ☹ 😖

So zufrieden war ich mit meinem Pferd ☺ 😕 😐 ☹ 😖

So zufrieden war mein Pferd

So habe ich mein Pferd heute belohnt

~~~~~~

So weit sind wir heute geritten ~~~~~~~~~~~~~~~~~~~~~~~~~ km

So war das Wetter heute

So motiviert war ich / mein Pferd heute ~~~~~~~ % / ~~~~~~~ %

Das ist unsere Backup-Übung um mit einem Erfolg aufzuhören

~~~~~~

~~~~~~

Hier ist Platz für Notizen

~~~~~~

~~~~~~

Hier ist Platz für Zeichnungen

Datum _____ Dauer der Einheit _____

☐ Bodenarbeit   ☐ Turnier   _____
☐ Gymnastik   ☐ Reitstunde mit   _____
☐ Ausritt   ☐   _____

Diese Übung ist uns heute besonders gut gelungen

_____

_____

Damit haben wir heute gekämpft

_____

Das ging völlig in die Hose

_____

Das habe ich heute gelernt

_____

Das hat mein Pferd heute gelernt

_____

So sehr harmoniert haben wir heute   _____ %

So zufrieden war ich heute mit mir   ☺ 😐 🙂 ☹ 😖

So zufrieden war ich mit meinem Pferd   ☺ 😐 🙂 ☹ 😖

So zufrieden war mein Pferd

So habe ich mein Pferd heute belohnt

~~~~~~

So weit sind wir heute geritten ~~~~~~~~~~~~~~~~~~~~~~~~ km

So war das Wetter heute

So motiviert war ich / mein Pferd heute ~~~~~~~~ % / ~~~~~~~~ %

Das ist unsere Backup-Übung um mit enem Erfolg aufzuhören

~~~~~~

~~~~~~

Hier ist Platz für Notizen

~~~~~~

~~~~~~

Hier ist Platz für Zeichnungen

Datum _____   Dauer der Einheit _____

☐ Bodenarbeit   ☐ Turnier   _____
☐ Gymnastik   ☐ Reitstunde mit   _____
☐ Ausritt   ☐   _____

Diese Übung ist uns heute besonders gut gelungen

_____

_____

Damit haben wir heute gekämpft

_____

Das ging völlig in die Hose

_____

Das habe ich heute gelernt

_____

Das hat mein Pferd heute gelernt

_____

So sehr harmoniert haben wir heute _____ %

So zufrieden war ich heute mit mir   ☺ 😐 🙂 ☹ 😬

So zufrieden war ich mit meinem Pferd   ☺ 😐 🙂 ☹ 😬

So zufrieden war mein Pferd

So habe ich mein Pferd heute belohnt

~~~~~~

So weit sind wir heute geritten   ~~~~~~~~~~~~~~~~~~~~~ km

So war das Wetter heute

So motiviert war ich / mein Pferd heute   ~~~~~~ % /   ~~~~~~ %

Das ist unsere Backup-Übung um mit einem Erfolg aufzuhören

~~~~~~

~~~~~~

Hier ist Platz für Notizen

~~~~~~

~~~~~~

Hier ist Platz für Zeichnungen

Datum ~~~~~~~~~~~~~~~~ Dauer der Einheit ~~~~~~~~~~~~~~~~

☐ Bodenarbeit   ☐ Turnier ~~~~~~~~~~~~~~~~

☐ Gymnastik   ☐ Reitstunde mit ~~~~~~~~~~~~~~~~

☐ Ausritt   ☐ ~~~~~~~~~~~~~~~~

Diese Übung ist uns heute besonders gut gelungen

~~~~~~

~~~~~~

Damit haben wir heute gekämpft

~~~~~~

Das ging völlig in die Hose

~~~~~~

Das habe ich heute gelernt

~~~~~~

Das hat mein Pferd heute gelernt

~~~~~~

So sehr harmoniert haben wir heute ~~~~~~~~~~~~~~~~~~~~~~ %

So zufrieden war ich heute mit mir   ☺ 😐 🙁 ☹ 😣

So zufrieden war ich mit meinem Pferd   ☺ 😐 🙁 ☹ 😣

So zufrieden war mein Pferd

So habe ich mein Pferd heute belohnt

~~~~~~

So weit sind wir heute geritten ~~~~~~~~~~~~~~~~~~~~~~~ km

So war das Wetter heute

So motiviert war ich / mein Pferd heute ~~~~~~ % / ~~~~~~ %

Das ist unsere Backup-Übung um mit einem Erfolg aufzuhören

~~~~~~

~~~~~~

Hier ist Platz für Notizen

~~~~~~

~~~~~~

Hier ist Platz für Zeichnungen

Gesundheitsrapport Datum: ♡

_____

_____

_____

_____

_____

Futterplan Datum: ♡

_____

_____

_____

_____

_____

Notizen ♡

Datum _____ Dauer der Einheit _____

☐ Bodenarbeit   ☐ Turnier _____

☐ Gymnastik   ☐ Reitstunde mit _____

☐ Ausritt   ☐ _____

Diese Übung ist uns heute besonders gut gelungen

~~~~~~

~~~~~~

Damit haben wir heute gekämpft

~~~~~~

Das ging völlig in die Hose

~~~~~~

Das habe ich heute gelernt

~~~~~~

Das hat mein Pferd heute gelernt

~~~~~~

So sehr harmoniert haben wir heute _____ %

So zufrieden war ich heute mit mir   ☺ 😐 🙂 ☹ 😖

So zufrieden war ich mit meinem Pferd   ☺ 😐 🙂 ☹ 😖

So zufrieden war mein Pferd

So habe ich mein Pferd heute belohnt

~~~~~~

So weit sind wir heute geritten ~~~~~~~~~~~~~~~~~~~~ km

So war das Wetter heute

So motiviert war ich / mein Pferd heute ~~~~~~ % / ~~~~~~ %

Das ist unsere Backup-Übung um mit einem Erfo g aufzuhören

~~~~~~

~~~~~~

Hier ist Platz für Notizen

~~~~~~

~~~~~~

Hier ist Platz für Zeichnungen

Datum _____ Dauer der Einheit _____

☐ Bodenarbeit   ☐ Turnier _____

☐ Gymnastik   ☐ Reitstunde mit _____

☐ Ausritt   ☐ _____

Diese Übung ist uns heute besonders gut gelungen

_____

_____

Damit haben wir heute gekämpft

_____

Das ging völlig in die Hose

_____

Das habe ich heute gelernt

_____

Das hat mein Pferd heute gelernt

_____

So sehr harmoniert haben wir heute _____ %

So zufrieden war ich heute mit mir   ☺ 😕 😐 ☹ 😣

So zufrieden war ich mit meinem Pferd   ☺ 😕 😐 ☹ 😣

So zufrieden war mein Pferd

So habe ich mein Pferd heute belohnt

_____

So weit sind wir heute geritten _____ km

So war das Wetter heute

So motiviert war ich / mein Pferd heute _____ % / _____ %

Das ist unsere Backup-Übung um mit einem Erfolg aufzuhören

_____

_____

Hier ist Platz für Notizen

_____

_____

Hier ist Platz für Zeichnungen

Datum _____ Dauer der Einheit _____

☐ Bodenarbeit   ☐ Turnier   _____

☐ Gymnastik   ☐ Reitstunde mit   _____

☐ Ausritt   ☐   _____

Diese Übung ist uns heute besonders gut gelungen

_____

_____

Damit haben wir heute gekämpft

_____

Das ging völlig in die Hose

_____

Das habe ich heute gelernt

_____

Das hat mein Pferd heute gelernt

_____

So sehr harmoniert haben wir heute _____ %

So zufrieden war ich heute mit mir   ☺ 😐 🙂 🙁 😬

So zufrieden war ich mit meinem Pferd   ☺ 😐 🙂 🙁 😬

So zufrieden war mein Pferd

So habe ich mein Pferd heute belohnt

~~~~~~

So weit sind wir heute geritten _____ km

So war das Wetter heute

So motiviert war ich / mein Pferd heute _____ % / _____ %

Das ist unsere Backup-Übung um mit einem Erfolg aufzuhören

~~~~~~

~~~~~~

Hier ist Platz für Notizen

~~~~~~

~~~~~~

Hier ist Platz für Zeichnungen

Datum _____   Dauer der Einheit _____

☐ Bodenarbeit   ☐ Turnier   _____
☐ Gymnastik   ☐ Reitstunde mit   _____
☐ Ausritt   ☐   _____

Diese Übung ist uns heute besonders gut gelungen

_____

_____

Damit haben wir heute gekämpft

_____

Das ging völlig in die Hose

_____

Das habe ich heute gelernt

_____

Das hat mein Pferd heute gelernt

_____

So sehr harmoniert haben wir heute   _____ %

So zufrieden war ich heute mit mir   ☺ 😐 😕 🙁 😣

So zufrieden war ich mit meinem Pferd ☺ 😐 😕 🙁 😣

So zufrieden war mein Pferd 😊 😌 😐 ☹️ 😣

So habe ich mein Pferd heute belohnt

~~~~~~

So weit sind wir heute geritten _____ km

So war das Wetter heute

So motiviert war ich / mein Pferd heute _____ % / _____ %

Das ist unsere Backup-Übung um mit einem Erfolg aufzuhören

~~~~~~

~~~~~~

Hier ist Platz für Notizen

~~~~~~

~~~~~~

Hier ist Platz für Zeichnungen

Datum _____   Dauer der Einheit _____

☐ Bodenarbeit   ☐ Turnier   _____
☐ Gymnastik   ☐ Reitstunde mit   _____
☐ Ausritt   ☐   _____

Diese Übung ist uns heute besonders gut gelungen

_____

_____

Damit haben wir heute gekämpft

_____

Das ging völlig in die Hose

_____

Das habe ich heute gelernt

_____

Das hat mein Pferd heute gelernt

_____

So sehr harmoniert haben wir heute   _____ %

So zufrieden war ich heute mit mir

So zufrieden war ich mit meinem Pferd

So zufrieden war mein Pferd

So habe ich mein Pferd heute belohnt

~~~~~~

So weit sind wir heute geritten ~~~~~~~~~~~~~~~~~ km

So war das Wetter heute

So motiviert war ich / mein Pferd heute ~~~~~~ % / ~~~~~~ %

Das ist unsere Backup-Übung um mit einem Erfolg aufzuhören

~~~~~~

~~~~~~

Hier ist Platz für Notizen

~~~~~~

~~~~~~

Hier ist Platz für Zeichnungen

Datum _____ Dauer der Einheit _____

☐ Bodenarbeit   ☐ Turnier   _____
☐ Gymnastik   ☐ Reitstunde mit   _____
☐ Ausritt   ☐   _____

Diese Übung ist uns heute besonders gut gelungen

_____

_____

Damit haben wir heute gekämpft

_____

Das ging völlig in die Hose

_____

Das habe ich heute gelernt

_____

Das hat mein Pferd heute gelernt

_____

So sehr harmoniert haben wir heute _____ %

So zufrieden war ich heute mit mir   🙂 😕 😐 🙁 😣

So zufrieden war ich mit meinem Pferd   🙂 😕 😐 🙁 😣

So zufrieden war mein Pferd

So habe ich mein Pferd heute belohnt

~~~~~~

So weit sind wir heute geritten _____ km

So war das Wetter heute

So motiviert war ich / mein Pferd heute _____ % / _____ %

Das ist unsere Backup-Übung um mit enem Erfolg aufzuhören

~~~~~~

~~~~~~

Hier ist Platz für Notizen

~~~~~~

~~~~~~

Hier ist Platz für Zeichnungen

Datum _____ Dauer der Einheit _____

☐ Bodenarbeit   ☐ Turnier _____

☐ Gymnastik   ☐ Reitstunde mit _____

☐ Ausritt   ☐ _____

Diese Übung ist uns heute besonders gut gelungen

_____

_____

Damit haben wir heute gekämpft

_____

Das ging völlig in die Hose

_____

Das habe ich heute gelernt

_____

Das hat mein Pferd heute gelernt

_____

So sehr harmoniert haben wir heute _____ %

So zufrieden war ich heute mit mir   🙂 😐 😕 🙁 😣

So zufrieden war ich mit meinem Pferd   🙂 😐 😕 🙁 😣

So zufrieden war mein Pferd

So habe ich mein Pferd heute belohnt

_____

So weit sind wir heute geritten _____ km

So war das Wetter heute

So motiviert war ich / mein Pferd heute _____ % / _____ %

Das ist unsere Backup-Übung um mit einem Erfo g aufzuhören

_____

_____

Hier ist Platz für Notizen

_____

_____

Hier ist Platz für Zeichnungen

Datum _____ Dauer der Einheit _____

☐ Bodenarbeit   ☐ Turnier _____

☐ Gymnastik   ☐ Reitstunde mit _____

☐ Ausritt   ☐ _____

Diese Übung ist uns heute besonders gut gelungen

_____

_____

Damit haben wir heute gekämpft

_____

Das ging völlig in die Hose

_____

Das habe ich heute gelernt

_____

Das hat mein Pferd heute gelernt

_____

So sehr harmoniert haben wir heute _____ %

So zufrieden war ich heute mit mir   😊 😏 🙁 ☹️ 😣

So zufrieden war ich mit meinem Pferd   😊 😏 🙁 ☹️ 😣

So zufrieden war mein Pferd

So habe ich mein Pferd heute belohnt

~~~~~~

So weit sind wir heute geritten ~~~~~~~~~~~~~~~~~~~~ km

So war das Wetter heute

So motiviert war ich / mein Pferd heute ~~~~~~ % / ~~~~~~ %

Das ist unsere Backup-Übung um mit einem Erfolg aufzuhören

~~~~~~

~~~~~~

Hier ist Platz für Notizen

~~~~~~

~~~~~~

Hier ist Platz für Zeichnungen

Datum .... Dauer der Einheit ....

☐ Bodenarbeit ☐ Turnier ....

☐ Gymnastik ☐ Reitstunde mit ....

☐ Ausritt ☐ ....

Diese Übung ist uns heute besonders gut gelungen

....

....

Damit haben wir heute gekämpft

....

Das ging völlig in die Hose

....

Das habe ich heute gelernt

....

Das hat mein Pferd heute gelernt

....

So sehr harmoniert haben wir heute .... %

So zufrieden war ich heute mit mir ☺ 😐 🙂 ☹ 😣

So zufrieden war ich mit meinem Pferd ☺ 😐 🙂 ☹ 😣

So zufrieden war mein Pferd

So habe ich mein Pferd heute belohnt

~~~~~~

So weit sind wir heute geritten _____ km

So war das Wetter heute

So motiviert war ich / mein Pferd heute _____ % / _____ %

Das ist unsere Backup-Übung um mit einem Erfolg aufzuhören

~~~~~~

~~~~~~

Hier ist Platz für Notizen

~~~~~~

~~~~~~

Hier ist Platz für Zeichnungen

Gesundheitsrapport Datum: ♡

_____

_____

_____

_____

_____

Futterplan Datum: ♡

_____

_____

_____

_____

_____

Ich habe ein wunderbares Pferd,
es hat die Leichtigkeit des Windes
und des Feuers Hitze,
aber wenn sein Reiter es besteigt,
ist seine Sanftmut nichts andres als die Ruhe
vor dem Ausbruch des Sturmes.
William Shakespeare

Datum .... Dauer der Einheit ....

☐ Bodenarbeit   ☐ Turnier ....

☐ Gymnastik   ☐ Reitstunde mit ....

☐ Ausritt   ☐ ....

Diese Übung ist uns heute besonders gut gelungen

....

....

Damit haben wir heute gekämpft

....

Das ging völlig in die Hose

....

Das habe ich heute gelernt

....

Das hat mein Pferd heute gelernt

....

So sehr harmoniert haben wir heute .... %

So zufrieden war ich heute mit mir   ☺ 😐 😮 ☹ 😣

So zufrieden war ich mit meinem Pferd   ☺ 😐 😮 ☹ 😣

So zufrieden war mein Pferd

So habe ich mein Pferd heute belohnt

~~~~~~

So weit sind wir heute geritten _____ km

So war das Wetter heute

So motiviert war ich / mein Pferd heute _____ % / _____ %

Das ist unsere Backup-Übung um mit einem Erfolg aufzuhören

~~~~~~

~~~~~~

Hier ist Platz für Notizen

~~~~~~

~~~~~~

Hier ist Platz für Zeichnungen

Datum ~~~~~~~~~~~~~~~~~~~~ Dauer der Einheit ~~~~~~~~~~~~~~~~~~~~

☐ Bodenarbeit   ☐ Turnier   ~~~~~~~~~~~~~~~~~~~~
☐ Gymnastik   ☐ Reitstunde mit   ~~~~~~~~~~~~~~~~~~~~
☐ Ausritt   ☐   ~~~~~~~~~~~~~~~~~~~~

Diese Übung ist uns heute besonders gut gelungen

~~~~~~

~~~~~~

Damit haben wir heute gekämpft

~~~~~~

Das ging völlig in die Hose

~~~~~~

Das habe ich heute gelernt

~~~~~~

Das hat mein Pferd heute gelernt

~~~~~~

So sehr harmoniert haben wir heute   ~~~~~~~~~~~~~~~~~~~~ %

So zufrieden war ich heute mit mir   ☺ 😐 🙂 ☹ 😖

So zufrieden war ich mit meinem Pferd ☺ 😐 🙂 ☹ 😖

So zufrieden war mein Pferd

So habe ich mein Pferd heute belohnt

~~~~~~

So weit sind wir heute geritten _____ km

So war das Wetter heute

So motiviert war ich / mein Pferd heute _____ % / _____ %

Das ist unsere Backup-Übung um mit einem Erfolg aufzuhören

~~~~~~

~~~~~~

Hier ist Platz für Notizen

~~~~~~

~~~~~~

Hier ist Platz für Zeichnungen

Datum _____   Dauer der Einheit _____

☐ Bodenarbeit   ☐ Turnier   _____
☐ Gymnastik   ☐ Reitstunde mit _____
☐ Ausritt   ☐   _____

Diese Übung ist uns heute besonders gut gelungen

_____

_____

Damit haben wir heute gekämpft

_____

Das ging völlig in die Hose

_____

Das habe ich heute gelernt

_____

Das hat mein Pferd heute gelernt

_____

So sehr harmoniert haben wir heute   _____ %

So zufrieden war ich heute mit mir   ☺ 😐 🙂 ☹ 😖

So zufrieden war ich mit meinem Pferd   ☺ 😐 🙂 ☹ 😖

So zufrieden war mein Pferd

So habe ich mein Pferd heute belohnt

~~~~~~

So weit sind wir heute geritten _____ km

So war das Wetter heute

So motiviert war ich / mein Pferd heute _____ % / _____ %

Das ist unsere Backup-Übung um mit einem Erfolg aufzuhören

~~~~~~

~~~~~~

Hier ist Platz für Notizen

~~~~~~

~~~~~~

Hier ist Platz für Zeichnungen

Datum _____ Dauer der Einheit _____

☐ Bodenarbeit   ☐ Turnier   _____
☐ Gymnastik   ☐ Reitstunde mit   _____
☐ Ausritt   ☐   _____

Diese Übung ist uns heute besonders gut gelungen

_____

_____

Damit haben wir heute gekämpft

_____

Das ging völlig in die Hose

_____

Das habe ich heute gelernt

_____

Das hat mein Pferd heute gelernt

_____

So sehr harmoniert haben wir heute   _____ %

So zufrieden war ich heute mit mir   ☺ ☺ ☺ ☹ ☹

So zufrieden war ich mit meinem Pferd ☺ ☺ ☺ ☹ ☹

So zufrieden war mein Pferd

So habe ich mein Pferd heute belohnt

~~~~~~

So weit sind wir heute geritten ~~~~~~~~~~~~~~~~~ km

So war das Wetter heute

So motiviert war ich / mein Pferd heute ~~~~~ % / ~~~~~ %

Das ist unsere Backup-Übung um mit einem Erfolg aufzuhören

~~~~~~

~~~~~~

Hier ist Platz für Notizen

~~~~~~

~~~~~~

Hier ist Platz für Zeichnungen

Datum _____ Dauer der Einheit _____

☐ Bodenarbeit   ☐ Turnier   _____

☐ Gymnastik   ☐ Reitstunde mit _____

☐ Ausritt   ☐   _____

Diese Übung ist uns heute besonders gut gelungen

_____

_____

Damit haben wir heute gekämpft

_____

Das ging völlig in die Hose

_____

Das habe ich heute gelernt

_____

Das hat mein Pferd heute gelernt

_____

So sehr harmoniert haben wir heute _____ %

So zufrieden war ich heute mit mir   ☺ 🙂 😐 🙁 😣

So zufrieden war ich mit meinem Pferd   ☺ 🙂 😐 🙁 😣

So zufrieden war mein Pferd

So habe ich mein Pferd heute belohnt

~~~~~~

So weit sind wir heute geritten ~~~~~~~~~~~~~~~~~~~ km

So war das Wetter heute

So motiviert war ich / mein Pferd heute ~~~~~~ % / ~~~~~~ %

Das ist unsere Backup-Übung um mit einem Erfolg aufzuhören

~~~~~~

~~~~~~

Hier ist Platz für Notizen

~~~~~~

~~~~~~

Hier ist Platz für Zeichnungen

Datum _____ Dauer der Einheit _____

☐ Bodenarbeit   ☐ Turnier _____

☐ Gymnastik   ☐ Reitstunde mit _____

☐ Ausritt   ☐ _____

Diese Übung ist uns heute besonders gut gelungen

~~~~~~

~~~~~~

Damit haben wir heute gekämpft

~~~~~~

Das ging völlig in die Hose

~~~~~~

Das habe ich heute gelernt

~~~~~~

Das hat mein Pferd heute gelernt

~~~~~~

So sehr harmoniert haben wir heute _____ %

So zufrieden war ich heute mit mir   😊 😕 🙂 🙁 😣

So zufrieden war ich mit meinem Pferd   😊 😕 🙂 🙁 😣

So zufrieden war mein Pferd

So habe ich mein Pferd heute belohnt

~~~~~~

So weit sind wir heute geritten ~~~~~~~~~~~~~~~~ km

So war das Wetter heute

So motiviert war ich / mein Pferd heute ~~~~~~ % / ~~~~~~ %

Das ist unsere Backup-Übung um mit einem Erfolg aufzuhören

~~~~~~

~~~~~~

Hier ist Platz für Notizen

~~~~~~

~~~~~~

Hier ist Platz für Zeichnungen

Datum _____ Dauer der Einheit _____

☐ Bodenarbeit   ☐ Turnier _____

☐ Gymnastik   ☐ Reitstunde mit _____

☐ Ausritt   ☐ _____

Diese Übung ist uns heute besonders gut gelungen

_____

_____

Damit haben wir heute gekämpft

_____

Das ging völlig in die Hose

_____

Das habe ich heute gelernt

_____

Das hat mein Pferd heute gelernt

_____

So sehr harmoniert haben wir heute _____ %

So zufrieden war ich heute mit mir

So zufrieden war ich mit meinem Pferd

So zufrieden war mein Pferd

So habe ich mein Pferd heute belohnt

~~~~~~

So weit sind wir heute geritten ~~~~~~~~~~~~~~~~ km

So war das Wetter heute

So motiviert war ich / mein Pferd heute ~~~~~ % / ~~~~~ %

Das ist unsere Backup-Übung um mit einem Erfolg aufzuhören

~~~~~~

~~~~~~

Hier ist Platz für Notizen

~~~~~~

~~~~~~

Hier ist Platz für Zeichnungen

Datum ~~~~~~~~~~~~~~~~~~~ Dauer der Einheit ~~~~~~~~~~~~~~~~~

☐ Bodenarbeit ☐ Turnier ~~~~~~~~~~~~~~~~~~~~~~~

☐ Gymnastik ☐ Reitstunde mit ~~~~~~~~~~~~~~~~~

☐ Ausritt ☐ ~~~~~~~~~~~~~~~~~~~~~~~

Diese Übung ist uns heute besonders gut gelungen

~~~~~~

~~~~~~

Damit haben wir heute gekämpft

~~~~~~

Das ging völlig in die Hose

~~~~~~

Das habe ich heute gelernt

~~~~~~

Das hat mein Pferd heute gelernt

~~~~~~

So sehr harmoniert haben wir heute ~~~~~~~~~~~~~~~~~~~~~ %

So zufrieden war ich heute mit mir ☺ 😐 🙂 ☹ 😣

So zufrieden war ich mit meinem Pferd ☺ 😐 🙂 ☹ 😣

So zufrieden war mein Pferd

So habe ich mein Pferd heute belohnt

~~~~~~

So weit sind wir heute geritten ～～～～～～～～～～ km

So war das Wetter heute

So motiviert war ich / mein Pferd heute ～～～～ % / ～～～～ %

Das ist unsere Backup-Übung um mit e nem Erfolg aufzuhören

~~~~~~

~~~~~~

Hier ist Platz für Notizen

~~~~~~

~~~~~~

Hier ist Platz für Zeichnungen

Datum _____ Dauer der Einheit _____

☐ Bodenarbeit   ☐ Turnier   _____
☐ Gymnastik   ☐ Reitstunde mit   _____
☐ Ausritt   ☐   _____

Diese Übung ist uns heute besonders gut gelungen

_____

_____

Damit haben wir heute gekämpft

_____

Das ging völlig in die Hose

_____

Das habe ich heute gelernt

_____

Das hat mein Pferd heute gelernt

_____

So sehr harmoniert haben wir heute _____ %

So zufrieden war ich heute mit mir   🙂 😐 🙂 🙁 😖

So zufrieden war ich mit meinem Pferd   🙂 😐 🙂 🙁 😖

So zufrieden war mein Pferd

So habe ich mein Pferd heute belohnt

~~~~~~

So weit sind wir heute geritten   ~~~~~~~~~~~~~~~~~~ km

So war das Wetter heute

So motiviert war ich / mein Pferd heute   ~~~~~ % /   ~~~~~ %

Das ist unsere Backup-Übung um mit einem Erfolg aufzuhören

~~~~~~

~~~~~~

Hier ist Platz für Notizen

~~~~~~

~~~~~~

Hier ist Platz für Zeichnungen

Gesundheitsrapport Datum: ♡

_____

_____

_____

_____

_____

_____

Futterplan Datum: ♡

_____

_____

_____

_____

_____

_____

Notizen ♡

Datum _____   Dauer der Einheit _____

☐ Bodenarbeit   ☐ Turnier   _____

☐ Gymnastik   ☐ Reitstunde mit   _____

☐ Ausritt   ☐   _____

Diese Übung ist uns heute besonders gut gelungen

_____

_____

Damit haben wir heute gekämpft

_____

Das ging völlig in die Hose

_____

Das habe ich heute gelernt

_____

Das hat mein Pferd heute gelernt

_____

So sehr harmoniert haben wir heute   _____ %

So zufrieden war ich heute mit mir   ☺ 😐 😕 ☹ 😣

So zufrieden war ich mit meinem Pferd   ☺ 😐 😕 ☹ 😣

So zufrieden war mein Pferd

So habe ich mein Pferd heute belohnt

~~~~~~

So weit sind wir heute geritten ~~~~~~~~~~~~~~~~~ km

So war das Wetter heute

So motiviert war ich / mein Pferd heute ~~~~~~~ % / ~~~~~~~ %

Das ist unsere Backup-Übung um mit einem Erfolg aufzuhören

~~~~~~

~~~~~~

Hier ist Platz für Notizen

~~~~~~

~~~~~~

Hier ist Platz für Zeichnungen

Datum _____ Dauer der Einheit _____

☐ Bodenarbeit   ☐ Turnier _____

☐ Gymnastik   ☐ Reitstunde mit _____

☐ Ausritt   ☐ _____

Diese Übung ist uns heute besonders gut gelungen

_____

_____

Damit haben wir heute gekämpft

_____

Das ging völlig in die Hose

_____

Das habe ich heute gelernt

_____

Das hat mein Pferd heute gelernt

_____

So sehr harmoniert haben wir heute _____ %

So zufrieden war ich heute mit mir   ☺ 😐 🙂 ☹ 😖

So zufrieden war ich mit meinem Pferd   ☺ 😐 🙂 ☹ 😖

So zufrieden war mein Pferd

So habe ich mein Pferd heute belohnt

~~~~~~

So weit sind wir heute geritten _____ km

So war das Wetter heute

So motiviert war ich / mein Pferd heute _____ % / _____ %

Das ist unsere Backup-Übung um mit einem Erfclg aufzuhören

~~~~~~

~~~~~~

Hier ist Platz für Notizen

~~~~~~

~~~~~~

Hier ist Platz für Zeichnungen

Datum ＿＿＿＿＿＿＿＿＿＿   Dauer der Einheit ＿＿＿＿＿＿＿＿＿＿

☐ Bodenarbeit   ☐ Turnier ＿＿＿＿＿＿＿＿＿＿＿＿＿

☐ Gymnastik   ☐ Reitstunde mit ＿＿＿＿＿＿＿＿＿＿

☐ Ausritt   ☐ ＿＿＿＿＿＿＿＿＿＿＿＿＿＿＿＿＿

Diese Übung ist uns heute besonders gut gelungen

＿＿＿＿＿＿＿＿＿＿＿＿＿＿＿＿＿＿＿＿＿＿＿＿＿＿＿

＿＿＿＿＿＿＿＿＿＿＿＿＿＿＿＿＿＿＿＿＿＿＿＿＿＿＿

Damit haben wir heute gekämpft

＿＿＿＿＿＿＿＿＿＿＿＿＿＿＿＿＿＿＿＿＿＿＿＿＿＿＿

Das ging völlig in die Hose

＿＿＿＿＿＿＿＿＿＿＿＿＿＿＿＿＿＿＿＿＿＿＿＿＿＿＿

Das habe ich heute gelernt

＿＿＿＿＿＿＿＿＿＿＿＿＿＿＿＿＿＿＿＿＿＿＿＿＿＿＿

Das hat mein Pferd heute gelernt

＿＿＿＿＿＿＿＿＿＿＿＿＿＿＿＿＿＿＿＿＿＿＿＿＿＿＿

So sehr harmoniert haben wir heute ＿＿＿＿＿＿＿＿＿＿ %

So zufrieden war ich heute mit mir

So zufrieden war ich mit meinem Pferd

So zufrieden war mein Pferd

So habe ich mein Pferd heute belohnt

~~~~~~

So weit sind wir heute geritten ~~~~~~~~~~~~~~~~~~~ km

So war das Wetter heute

So motiviert war ich / mein Pferd heute ~~~~~~ % / ~~~~~~ %

Das ist unsere Backup-Übung um mit einem Erfolg aufzuhören

~~~~~~

~~~~~~

Hier ist Platz für Notizen

~~~~~~

~~~~~~

Hier ist Platz für Zeichnungen

Datum _____   Dauer der Einheit _____

☐ Bodenarbeit   ☐ Turnier   _____
☐ Gymnastik   ☐ Reitstunde mit _____
☐ Ausritt   ☐   _____

Diese Übung ist uns heute besonders gut gelungen

~~~~~~

~~~~~~

Damit haben wir heute gekämpft

~~~~~~

Das ging völlig in die Hose

~~~~~~

Das habe ich heute gelernt

~~~~~~

Das hat mein Pferd heute gelernt

~~~~~~

So sehr harmoniert haben wir heute   _____ %

So zufrieden war ich heute mit mir   ☺ 😐 🙂 ☹ 😖

So zufrieden war ich mit meinem Pferd ☺ 😐 🙂 ☹ 😖

So zufrieden war mein Pferd

So habe ich mein Pferd heute belohnt

_____

So weit sind wir heute geritten _____ km

So war das Wetter heute

So motiviert war ich / mein Pferd heute _____ % / _____ %

Das ist unsere Backup-Übung um mit einem Erfolg aufzuhören

_____

_____

Hier ist Platz für Notizen

_____

_____

Hier ist Platz für Zeichnungen

Datum .... Dauer der Einheit ....

☐ Bodenarbeit ☐ Turnier ....

☐ Gymnastik ☐ Reitstunde mit ....

☐ Ausritt ☐ ....

Diese Übung ist uns heute besonders gut gelungen

....

....

Damit haben wir heute gekämpft

....

Das ging völlig in die Hose

....

Das habe ich heute gelernt

....

Das hat mein Pferd heute gelernt

....

So sehr harmoniert haben wir heute .... %

So zufrieden war ich heute mit mir ☺ 😐 🙂 🙁 😣

So zufrieden war ich mit meinem Pferd ☺ 😐 🙂 🙁 😣

So zufrieden war mein Pferd

So habe ich mein Pferd heute belohnt

~~~~~~

So weit sind wir heute geritten _____ km

So war das Wetter heute

So motiviert war ich / mein Pferd heute _____ % / _____ %

Das ist unsere Backup-Übung um mit einem Erfclg aufzuhören

~~~~~~

~~~~~~

Hier ist Platz für Notizen

~~~~~~

~~~~~~

Hier ist Platz für Zeichnungen

Datum _____   Dauer der Einheit _____

☐ Bodenarbeit   ☐ Turnier   _____

☐ Gymnastik   ☐ Reitstunde mit   _____

☐ Ausritt   ☐   _____

Diese Übung ist uns heute besonders gut gelungen

_____

_____

Damit haben wir heute gekämpft

_____

Das ging völlig in die Hose

_____

Das habe ich heute gelernt

_____

Das hat mein Pferd heute gelernt

_____

So sehr harmoniert haben wir heute   _____ %

So zufrieden war ich heute mit mir   ☺ 😐 😕 ☹ 😣

So zufrieden war ich mit meinem Pferd   ☺ 😐 😕 ☹ 😣

So zufrieden war mein Pferd

So habe ich mein Pferd heute belohnt

~~~~~~

So weit sind wir heute geritten ~~~~~~~~~~~~~~~~~ km

So war das Wetter heute

So motiviert war ich / mein Pferd heute ~~~~~~~ % / ~~~~~~~ %

Das ist unsere Backup-Übung um mit einem Erfolg aufzuhören

~~~~~~

~~~~~~

Hier ist Platz für Notizen

~~~~~~

~~~~~~

Hier ist Platz für Zeichnungen

Datum ~~~~~~~~~~~~~~~~~~ Dauer der Einheit ~~~~~~~~~~~~~~~~

☐ Bodenarbeit   ☐ Turnier ~~~~~~~~~~~~~~~~

☐ Gymnastik   ☐ Reitstunde mit ~~~~~~~~~~~~~

☐ Ausritt   ☐ ~~~~~~~~~~~~~~~~~~~~~

Diese Übung ist uns heute besonders gut gelungen

~~~~~~

~~~~~~

Damit haben wir heute gekämpft

~~~~~~

Das ging völlig in die Hose

~~~~~~

Das habe ich heute gelernt

~~~~~~

Das hat mein Pferd heute gelernt

~~~~~~

So sehr harmoniert haben wir heute ~~~~~~~~~~~~~~~~ %

So zufrieden war ich heute mit mir   ☺ 😐 🙂 ☹ 😣

So zufrieden war ich mit meinem Pferd   ☺ 😐 🙂 ☹ 😣

So zufrieden war mein Pferd

So habe ich mein Pferd heute belohnt

_____

So weit sind wir heute geritten _____ km

So war das Wetter heute

So motiviert war ich / mein Pferd heute _____ % / _____ %

Das ist unsere Backup-Übung um mit einem Erfolg aufzuhören

_____

_____

Hier ist Platz für Notizen

_____

_____

Hier ist Platz für Zeichnungen

Datum _____ Dauer der Einheit · _____

☐ Bodenarbeit   ☐ Turnier   _____

☐ Gymnastik   ☐ Reitstunde mit _____

☐ Ausritt   ☐   _____

Diese Übung ist uns heute besonders gut gelungen

~~~~~~

~~~~~~

Damit haben wir heute gekämpft

~~~~~~

Das ging völlig in die Hose

~~~~~~

Das habe ich heute gelernt

~~~~~~

Das hat mein Pferd heute gelernt

~~~~~~

So sehr harmoniert haben wir heute _____ %

So zufrieden war ich heute mit mir   ☺ 😐 🙂 ☹ 😣

So zufrieden war ich mit meinem Pferd ☺ 😐 🙂 ☹ 😣

So zufrieden war mein Pferd

So habe ich mein Pferd heute belohnt

~~~~~~

So weit sind wir heute geritten ~~~~~~~~~~~~~~~~~~~~~~~~~ km

So war das Wetter heute

So motiviert war ich / mein Pferd heute ~~~~~~ % / ~~~~~~ %

Das ist unsere Backup-Übung um mit einem Erfolg aufzuhören

~~~~~~

~~~~~~

Hier ist Platz für Notizen

~~~~~~

~~~~~~

Hier ist Platz für Zeichnungen

Datum ~~~~~~~~~~~~~~~~~~~ Dauer der Einheit ~~~~~~~~~~~~~~~

☐ Bodenarbeit   ☐ Turnier ~~~~~~~~~~~~~~~~~~~~~

☐ Gymnastik   ☐ Reitstunde mit ~~~~~~~~~~~~~~~

☐ Ausritt   ☐ ~~~~~~~~~~~~~~~~~~~~~~~~~~~~~~~

Diese Übung ist uns heute besonders gut gelungen

~~~~~~

~~~~~~

Damit haben wir heute gekämpft

~~~~~~

Das ging völlig in die Hose

~~~~~~

Das habe ich heute gelernt

~~~~~~

Das hat mein Pferd heute gelernt

~~~~~~

So sehr harmoniert haben wir heute ~~~~~~~~~~~~~~~~~~~~~ %

So zufrieden war ich heute mit mir   ☺ ☺ ☺ ☹ 😣

So zufrieden war ich mit meinem Pferd   ☺ ☺ ☺ ☹ 😣

So zufrieden war mein Pferd

So habe ich mein Pferd heute belohnt

~~~~~~

So weit sind wir heute geritten ~~~~~~~~~~~~~~~~~~~~ km

So war das Wetter heute

So motiviert war ich / mein Pferd heute ~~~~~~~ % / ~~~~~~~ %

Das ist unsere Backup-Übung um mit einem Erfolg aufzuhören

~~~~~~

~~~~~~

Hier ist Platz für Notizen

~~~~~~

~~~~~~

Hier ist Platz für Zeichnungen

Als Allah das Pferd erschaffen hatte,
sprach er zu ihm:
„Dich habe ich gemacht ohne Gleichen.
Alle Schätze dieser Welt liegen zwischen deinen Augen.
Meine Feinde sollst du treten mit deinen Hufen,
meine Freunde aber
sollst du tragen auf deinem Rücken.
Dies soll auch der Sitz sein
aus dem Gebete zu mir aufsteigen.
Auf der ganzen Erde sollst du glücklich sein
und vorgezogen allen Geschöpfen.
Du sollst fliegen ohne Flügel.
Du sollst siegen ohne Schwert"
Mohammed der Prophet

Datum _____ Dauer der Einheit _____

☐ Bodenarbeit   ☐ Turnier _____

☐ Gymnastik   ☐ Reitstunde mit _____

☐ Ausritt   ☐ _____

Diese Übung ist uns heute besonders gut gelungen

_____

_____

Damit haben wir heute gekämpft

_____

Das ging völlig in die Hose

_____

Das habe ich heute gelernt

_____

Das hat mein Pferd heute gelernt

_____

So sehr harmoniert haben wir heute _____ %

So zufrieden war ich heute mit mir   🙂 😐 😕 🙁 😣

So zufrieden war ich mit meinem Pferd   🙂 😐 😕 🙁 😣

So zufrieden war mein Pferd

So habe ich mein Pferd heute belohnt

~~~~~~

So weit sind wir heute geritten ~~~~~~~~~~~~~~~~~~~~~~~ km

So war das Wetter heute

So motiviert war ich / mein Pferd heute ~~~~~ % / ~~~~~ %

Das ist unsere Backup-Übung um mit einem Erfolg aufzuhören

~~~~~~

~~~~~~

Hier ist Platz für Notizen

~~~~~~

~~~~~~

Hier ist Platz für Zeichnungen

Datum _____   Dauer der Einheit _____

☐ Bodenarbeit   ☐ Turnier _____

☐ Gymnastik   ☐ Reitstunde mit _____

☐ Ausritt   ☐ _____

Diese Übung ist uns heute besonders gut gelungen

~~~~~~

~~~~~~

Damit haben wir heute gekämpft

~~~~~~

Das ging völlig in die Hose

~~~~~~

Das habe ich heute gelernt

~~~~~~

Das hat mein Pferd heute gelernt

~~~~~~

So sehr harmoniert haben wir heute _____ %

So zufrieden war ich heute mit mir   ☺ 😐 😕 ☹ 😣

So zufrieden war ich mit meinem Pferd   ☺ 😐 😕 ☹ 😣

So zufrieden war mein Pferd

So habe ich mein Pferd heute belchnt

_____

So weit sind wir heute geritten _____ km

So war das Wetter heute

So motiviert war ich / mein Pferd heute _____ % / _____ %

Das ist unsere Backup-Übung um mit einem Erfclg aufzuhören

_____

_____

Hier ist Platz für Notizen

_____

_____

Hier ist Platz für Zeichnungen

Datum _____   Dauer der Einheit _____

☐ Bodenarbeit   ☐ Turnier   _____
☐ Gymnastik   ☐ Reitstunde mit   _____
☐ Ausritt   ☐   _____

Diese Übung ist uns heute besonders gut gelungen

_____

_____

Damit haben wir heute gekämpft

_____

Das ging völlig in die Hose

_____

Das habe ich heute gelernt

_____

Das hat mein Pferd heute gelernt

_____

So sehr harmoniert haben wir heute   _____ %

So zufrieden war ich heute mit mir   ☺ 😐 🙂 ☹ 😖

So zufrieden war ich mit meinem Pferd   ☺ 😐 🙂 ☹ 😖

So zufrieden war mein Pferd

So habe ich mein Pferd heute belohnt

~~~~~~

So weit sind wir heute geritten ~~~~~~~~~~~~~~~~~~~~~~~~ km

So war das Wetter heute

So motiviert war ich / mein Pferd heute ~~~~~~~ % / ~~~~~~~ %

Das ist unsere Backup-Übung um mit einem Erfolg aufzuhören

~~~~~~

~~~~~~

Hier ist Platz für Notizen

~~~~~~

~~~~~~

Hier ist Platz für Zeichnungen

Datum ~~~~~~~~~~~~~~~~~~~~~ Dauer der Einheit ~~~~~~~~~~~~~~~~~~~~~

☐ Bodenarbeit ☐ Turnier ~~~~~~~~~~~~~~~~~~~~~

☐ Gymnastik ☐ Reitstunde mit ~~~~~~~~~~~~~~~~~~~~~

☐ Ausritt ☐ ~~~~~~~~~~~~~~~~~~~~~

Diese Übung ist uns heute besonders gut gelungen

~~~~~~

~~~~~~

Damit haben wir heute gekämpft

~~~~~~

Das ging völlig in die Hose

~~~~~~

Das habe ich heute gelernt

~~~~~~

Das hat mein Pferd heute gelernt

~~~~~~

So sehr harmoniert haben wir heute ~~~~~~~~~~~~~~~~~~~~~ %

So zufrieden war ich heute mit mir   ☺ ☺ ☺ ☹ 😖

So zufrieden war ich mit meinem Pferd   ☺ ☺ ☺ ☹ 😖

So zufrieden war mein Pferd

So habe ich mein Pferd heute belohnt

~~~~~~

So weit sind wir heute geritten _____ km

So war das Wetter heute

So motiviert war ich / mein Pferd heute _____ % / _____ %

Das ist unsere Backup-Übung um mit einem Erfolg aufzuhören

~~~~~~

~~~~~~

Hier ist Platz für Notizen

~~~~~~

~~~~~~

Hier ist Platz für Zeichnungen

Datum _____ Dauer der Einheit _____

☐ Bodenarbeit   ☐ Turnier _____

☐ Gymnastik   ☐ Reitstunde mit _____

☐ Ausritt   ☐ _____

Diese Übung ist uns heute besonders gut gelungen

_____

_____

Damit haben wir heute gekämpft

_____

Das ging völlig in die Hose

_____

Das habe ich heute gelernt

_____

Das hat mein Pferd heute gelernt

_____

So sehr harmoniert haben wir heute _____ %

So zufrieden war ich heute mit mir

So zufrieden war ich mit meinem Pferd

So zufrieden war mein Pferd

So habe ich mein Pferd heute belohnt

~~~~~~

So weit sind wir heute geritten _____ km

So war das Wetter heute

So motiviert war ich / mein Pferd heute _____ % / _____ %

Das ist unsere Backup-Übung um mit einem Erfolg aufzuhören

~~~~~~

~~~~~~

Hier ist Platz für Notizen

~~~~~~

~~~~~~

Hier ist Platz für Zeichnungen

Datum ~~~~~~~~~~~~~~~~ Dauer der Einheit ~~~~~~~~~~~~~~~~

☐ Bodenarbeit ☐ Turnier ~~~~~~~~~~~~~~~~

☐ Gymnastik ☐ Reitstunde mit ~~~~~~~~~~~~~~~~

☐ Ausritt ☐ ~~~~~~~~~~~~~~~~

Diese Übung ist uns heute besonders gut gelungen

~~~~~~

~~~~~~

Damit haben wir heute gekämpft

~~~~~~

Das ging völlig in die Hose

~~~~~~

Das habe ich heute gelernt

~~~~~~

Das hat mein Pferd heute gelernt

~~~~~~

So sehr harmoniert haben wir heute ~~~~~~~~~~~~~~~~ %

So zufrieden war ich heute mit mir   ☺ 😐 🙂 ☹ 😖

So zufrieden war ich mit meinem Pferd   ☺ 😐 🙂 ☹ 😖

236

So zufrieden war mein Pferd

So habe ich mein Pferd heute belohnt

~~~~~~

So weit sind wir heute geritten _____ km

So war das Wetter heute

So motiviert war ich / mein Pferd heute _____ % / _____ %

Das ist unsere Backup-Übung um mit einem Erfolg aufzuhören

~~~~~~

~~~~~~

Hier ist Platz für Notizen

~~~~~~

~~~~~~

Hier ist Platz für Zeichnungen

Datum _____ Dauer der Einheit _____

☐ Bodenarbeit ☐ Turnier _____

☐ Gymnastik ☐ Reitstunde mit _____

☐ Ausritt ☐ _____

Diese Übung ist uns heute besonders gut gelungen

_____

_____

Damit haben wir heute gekämpft

_____

Das ging völlig in die Hose

_____

Das habe ich heute gelernt

_____

Das hat mein Pferd heute gelernt

_____

So sehr harmoniert haben wir heute _____ %

So zufrieden war ich heute mit mir

So zufrieden war ich mit meinem Pferd

So zufrieden war mein Pferd

So habe ich mein Pferd heute belohnt

~~~~~~

So weit sind wir heute geritten ~~~~~~~~~~~~~~~~~~~ km

So war das Wetter heute

So motiviert war ich / mein Pferd heute ~~~~~~ % / ~~~~~~ %

Das ist unsere Backup-Übung um mit einem Erfolg aufzuhören

~~~~~~

~~~~~~

Hier ist Platz für Notizen

~~~~~~

~~~~~~

Hier ist Platz für Zeichnungen

Datum _____ Dauer der Einheit _____

☐ Bodenarbeit ☐ Turnier _____

☐ Gymnastik ☐ Reitstunde mit _____

☐ Ausritt ☐ _____

Diese Übung ist uns heute besonders gut gelungen

_____

_____

Damit haben wir heute gekämpft

_____

Das ging völlig in die Hose

_____

Das habe ich heute gelernt

_____

Das hat mein Pferd heute gelernt

_____

So sehr harmoniert haben wir heute _____ %

So zufrieden war ich heute mit mir

So zufrieden war ich mit meinem Pferd

So zufrieden war mein Pferd

So habe ich mein Pferd heute belohnt

~~~~~~

So weit sind wir heute geritten ~~~~~~~~~~~~~~~~~~~~~ km

So war das Wetter heute

So motiviert war ich / mein Pferd heute ~~~~~ % / ~~~~~ %

Das ist unsere Backup-Übung um mit einem Erfolg aufzuhören

~~~~~~

~~~~~~

Hier ist Platz für Notizen

~~~~~~

~~~~~~

Hier ist Platz für Zeichnungen

Was gehört in eine Stallapotheke?

Wer mit Pferden lebt weiss: Verletzungen gibt es immer mal wieder. Voraussetzung, um selber rasch handeln zu können, bis ein Tierarzt vor Ort ist, ist eine gut sortierte Stallapotheke.

Wichtig ist, dass die Medikamente in der Stallapotheke regelmässig auf ihr Ablaufdatum überprüft und die Verbandssachen vor Feuchtigkeit und Staub geschützt gelagert werden.

- Grosse und kleine Wundabdeckungen
- Selbstfixierende Bandagen
- Watte / Gazetupfer
- Desinfektionsspray
- Kamillosan
- Zinksalbe
- Bepanthensalbe
- Notfall-Kolikmittel
- Fieberthermometer
- Hufraspel, Hufmesser
- Einweghandschuhe
- Coolpacks für Pferd und Reiter
- Zeckenzange
- Handtücher
- Kopfleuchte
- Blauspray
- Betaisadona
- Aluminiumspray

Pferdiges im Internet ♡

Pferde in Not - http://www.pferdeinnot.com/
Hier wird Pferden geholfen. Spenden sind immer gerne gesehen!

Horseweb - http://www.horseweb.de/
Alle Infos rund ums Pferd mit Terminen und Sportnews!

Lissy - http://www.lissy.de
Pferde schon für die Kleinsten, liebevoll erklärt und bebildert!

Pferde & Pferderassen - http://www.pferde-pferderassen.de/
Noch mehr Pferdeinfos, Rassenportraits und sogar ein Quiz!

Reiten.de - http://www.reiten.de/
Reitferien, Reitlehrer und allerlei weitere nützliche Adressen!

Howrse - http://www.howrse.de/
Ein witziges Spiel rund um Pferde für Gross und Klein!

Cavallo - http://www.cavallo.de/
Eine der grössten Zeitschriften rund um Pferde!

Felix Bühler - https://www.felix-buehler.ch/
Die Adresse für alles Pferdezubehör!

Pferde-Facts ♡

Das angeblich älteste Pferd der Welt wurde 62 Jahre alt

✱

Die Araber sind die älteste Pferderasse der Welt- Angeblich war sogar der Prophet Mohammed an der Zucht beteiligt.

✱

Weltweit gibt es über 60 Millionen Pferde.

✱

Heute gibt es etwa 200 bis 300 Pferderassen.

✱

Das schwerste Pferd wiegt etwa 1500 Kilogramm.

✱

Ein Pferd kann zwischen 30 und 60 Liter täglich trinken.

✱

Pferde können nicht durch den Mund atmen.

✱

Die Mähne des Pferdes fällt meist auf die Seite, an der die Beine des Pferdes kürzer sind.

✱

30 Meter ist die längste Distanz, die ein Pferd angeblich auf seinen Hinterbeinen zurückgelegt hat.

✱

Liste der PAT-Werte des Pferdes:

Puls:	28 bis 40 Schläge
Atmung:	8 bis 16 Atemzüge
Temperatur:	37,0 bis 38,0 °C

Notfalladressen ♡

Meine Reitlehrer ♡

Andere pferdige Adressen ♡

~~~~~~

~~~~~~

~~~~~~

~~~~~~

~~~~~~

~~~~~~

~~~~~~

~~~~~~

~~~~~~

~~~~~~

~~~~~~

~~~~~~

~~~~~~

~~~~~~

~~~~~~

~~~~~~